1주일만에

영화 "뚝딱" 수업

만들기

1주일만에
# 영화 "뚝딱" 수업
만들기

**제1판 제1쇄 발행** 2019년 4월 22일
**제1판 제2쇄 발행** 2019년 10월 14일

**지은이**　영화수업연구회
**펴낸이**　강봉구

**펴낸곳**　작은숲출판사
**등록번호**　제406-2013-000081호
**주소**　10880 경기도 파주시 신촌로 21-30(신촌동)
**서울사무소**　04627 서울시 중구 퇴계로32길 34
**전화**　070-4067-8560
**팩스**　0505-499-8560
**홈페이지**　http://cafe.daum.net/littlef2010
**이메일**　littlef2010@daum.net

ISBN 979-11-6035-063-0　　03680
값은 뒤표지에 있습니다.

영화로 학교수업을 즐겁게

# 1주일만에
# 영화 "뚝딱" 수업
# 만들기

영화수업연구회 지음

작은숲

# 함께 생각하는 영화수업!
# 교실을 상상의 공간으로!

### 1

학창 시절 '영화'는 교과서에서만 볼 수 있는 단어였다. 생활기록부에서도 찾아볼 수가 없었으며 성인이 된 후 단체로 영화 몇 편을 본 것이 영화와 관련한 추억의 전부였다. 그런데 교직생활을 시작하면서 상황이 달라졌다.

첫 번째 학교에서 영상을 만났다. 지금도 그렇지만 교내 연수는 의무적으로 몇 명이 참여했는가가 중요하다. 교사들은 학교에서 개설된 연수에 전공과 무관하게 자의반 타의반으로 참여하게 된다. 특히 신규교사는 모든 연수의 1순위다. 의도하지 않았지만 컴퓨터 실력이 늘었고 영상과 그래픽 관련 연수에 관심이 있어 전문가 수준까지 올라갔다.

이후로 다큐멘터리에 관심을 가지고 특수학급 학생의 졸업을 담은 이야기 〈준비 그리고 출발〉을 제작했고, 학교를 옮겨 미디어 교육과 영상 제작 수업을 진행했다. 그리고 특수교육과 관련된 고민을 담은 다큐멘터리 몇 편을 제작했다. 부전공으로 연극영화, 대학원 영상문화콘텐츠 전공, 청소년과 미디어관련 책을 집필하면서 영화와 영상에 대한 이야기를 하게 되었다.

## 2

교육과정이 역량 중심으로 바뀌고 문화예술에 대한 관심이 높아지면서 교육청이나 관련 기관에서도 다양한 활동을 지원하고 있다. 이런 과정에서 서울시 영화교원연구회가 교육청 지원사업으로 만들어졌다. 연구회원들은 초, 중, 고, 특수교사로, 가르치는 학생이나 교과가 다양하지만 기본적으로 평소 영화를 즐겨 보거나 영화에 관심을 가지고 있으며 어떻게 하면 내 수업에 활용할 수 있을까 하는 고민을 하고 있는 선생님들이다.

영화는 학교 현장에서 활용도가 높은 콘텐츠이다. 하지만 영화 '감상'인지 영화 '수업'인지 경계가 분명하지 않아 고민이 많다. 그 이유는 이렇다 할 만한 영화 수업자료가 없기 때문이다. 영화수업 관련 도서는 제작 중심이거나 영화 분석, 글쓰기, 심리 분석으로 전문가 입장에서 쓰인 것이 대다수여서 교실 수업에 적용하는 데는 한계가 있다.

연구회는 이런 고민을 해결하기 위해서 함께 영화 보기, 영화수업 토론하기, 영화 특강과 더불어 서울시 교원영화제와 수업 페스티벌을 운영하면서 역량을 강화하고 있다. 이 책은 그동안 선생님들이 함께 고민하고 토론했던 영화수업 관련한 내용을 책으로 정리한 것이다.

## 3

1장에서는 영화를 어떻게 바라볼 것인가에 대한 이야기를 담았다. 문화예술에서 바라보는 영화, 말에서 디지털 언어까지, 청소년과 영상문화, 그리고 영화 리터러시에 대한 내용으로 꾸며져 있다.

2장에서는 영화 속에서 일어나는 이야기다. 영화는 기본적으로 화면과 소리로 구성되어 있다. 화면에는 무엇을 담고 있는가, 영화 속에서 사운드에 관한 내용 등 평소 무관심하게 지나쳤던 내용을 꼼꼼하게 살펴보았다.

3장에서는 영화의 역사와 형식, 영화산업에 대한 내용이다. 영화를 종단적으로, 횡단적으로 살펴보는 것은 나와 관련이 없는 것처럼 보이지만 사실은 나의 삶과 밀접하게 관련이 있기 때문에 곱씹어 볼 부분이다.

4장은 다양한 제작방법에 대한 내용이다. 제작 수업은 이미지 제작부터 유튜브 영상 제작에 이르기까지 단계별로 따라하기 쉽게 구성하였다. 제작 환경도 중요하지만 '왜? 무엇을? 어떻게?'라는 문제제기도 필요하다.

5장은 교과와 연계한 수업 내용이다. 많은 교사들이 공감하는 내용일 것이다. 7명의 교사들이 12개의 수업사례를 제시하고 있다.

4

일련의 과정을 거치면서 영상은 말이나 글보다 영향력이 있으며 짧은 시간 동안 생각을 공유할 수 있다는 것을 배웠다. 영상수업은 제작 과정이나 완성 작품 모두 중요한 교육적 의미를 담고 있고, 학생들의 자존감을 높이면서 표현 능력을 길러 주는 좋은 기회다.

영화는 혼자 봐도, 여럿이 함께 봐도 좋다. 영화 속에는 나를 닮은 캐릭터, 어디서 본 듯한 너 그리고 가끔 만나는 우리라는 사람들이 있다. 영화에 나오는 사람들은 자신만의 역할과 개성이 있고, 소품 하나하나에도 의미가 있으며 꼭 필요한 곳에 배치된다.

교실은 아이들의 삶을 가꾸며 꿈을 키우는 곳이다. 교실이 극장이 되고 영화 속 한 장면이 된다면 모두가 주인공이며 상상을 현실로 만들어 주는 공간이 될 것이다.

2019년 3월
저자를 대표해서 교사 김병련

# 교사에게는 수준 있는 영화감상을
# 학생에게는 가치 있는 영화수업을

1

흔히 교실에서 상영하는 영화는 시간을 때우기 위한 오락물이라는 인식이 강하다. 실제로 교육 현장에서 영화는 학기 말에 집중력이 흐트러진 학생들에게 주는 작은 보상(?)으로 사용되는 경우가 대부분인 것은 사실이다. 이러한 인식 때문에 영화 수업이라는 말에 반감을 가지거나 의구심을 가지는 교사나 학부모가 많을 것이라 예상된다.

하지만 책이라고 모두 양서가 아니듯, 영화에도 오락영화만 있는 것이 아니다. 영화를 깊이 들여다보면 깊은 울림이나 교육적 메시지를 줄 수 있는 작품들이 정말 많다. 심지어 대표적인 오락 영화라 불리는 블록버스터 영화들도 해석하기에 따라 충분히 큰 깨달음이나 교훈을 얻을 수 있기는 마찬가지다. 따라서 영화에 대한 그릇된 인식 때문에 영화의 활용을 무작정 교실에서 몰아 내기에는 다소 아쉬운 점이 많다. 또한 텍스트보다 영상의 활용이 지배적인 영상 매체 시대인 현대사회에 적응할 수 있는 인재를 길러야 하는 관점에서 미디어 리터러시를 기르기 위한 영화 수업은 전혀 급진적이거나 진보적이라고 느껴지지 않는다.

## 2

영화는 텍스트보다 영상에 더 익숙하고 흥미를 갖는 현대사회의 학생들에게 효과적인 수업 자료로 사용될 수 있다. 우선 영화는 상업적 목적이 큰 만큼 일반 교육용 영상보다 몇 백 배의 예산을 투입하여 제작되었으므로 다른 미디어 매체보다 훨씬 흥미롭고 영상미도 뛰어나며 오히려 더 실제적이다. 또한 영화는 시각적 자극, 청각적 자극 그리고 스토리 등 세 가지 요소가 복합적으로 합쳐진 종합 예술인 만큼 기타 고전적인 교육 자료들과 비교하여 보다 큰 감동과 울림을 줄 수 있다. 다만 학생들의 집중도가 높은 만큼 오락성도 짙고, 아직 익숙하지 않은 교육방식인 만큼 교사의 전문적인 지도와 자료의 활용방안이 더더욱 중요하다고 할 수 있다.

따라서 교사가 해야 할 것은 교육적으로 적절한 영화를 선정하고 이를 교육 자료로 가공하여 활용하는 것이다. 이를 위해 이 동아리 활동을 통해 우리는 영화를 수업의 자료로 삼는 법을 배우고, 영화 안에서 교육적 가치를 끌어 낼 수 있는 교사의 역량을 키우고자 한다.

## 3

이 책의 뒷 부분에 실린 수업 사례들은 우리 저자들이 학교 현장에서 그동안 해온 수업의 결과물이다. 초등학교에서부터 중고등학교에 이르기까지 수업이나 동아리활동 또는 자유학기제에서 다양하게 활용할 수 있는 자료로 활용되길 기대한다.

영화를 매개로 한 수업은 영화를 보는 과정이 반드시 필요하다. 상업영화라고 하더라도 교육적 목적으로 활용된다면 교실에서 상영하더라도 문제가 없으므로 각종 영화 다운로드 사이트를 활용하면 좋을 것이다. 특히 영화를 관람할 시간이 여의치 않다면 유튜브 등에 올라온 예고편을 활용하거나 교사가 직접 필요한 부분을 편집하여 상영하는 것도 괜찮다. 이 책에서는 해당 영상의 주소를 병기하거나 QR 코드롤 정리해 놓았으므로 이를 활용한다면 수업 준비에 소요되는 시간을 절약할 수 있을 것이다. 무엇보다 수업에 활용할 활동지 결과물을 제시하였고, QR 코드를 통해 한글파일로 다운로드받도록 했으므로 수업 준비에 유용할 것이다.

영화수업은 크게 영상제작과 영화를 매개로 한 수업으로 나눌 수 있다. 영상 제작 수업은 그 과정에서 협동심과 창의력, 표현력을 키워 줄 수 있고, 숨겨진 학생들의 재능을 깨워 줄 수 있는 반면, 영화를 매개로 한 영화수업은 감상하는 태도를 길러 주고, 집중력과 사고력을 키워 주는 데 아주 효과적이다. 무엇보다 교사가 즐거워야 학생이 즐거울 수 있으므로, 이 책을 접하는 교사들이 그동안의 편견을 뛰어넘어 영상과 친해지고, 영상문법에 익숙해지리라 믿는다. 이를 통해 보다 더 행복하고 재미있는 학교로 탈바꿈되길 기대해 본다.

2019년 3월

공동저자 교사 김민경

공동저자 교사 김해동

공동저자 수석교사 이경미

공동저자 교사 이정민

공동저자 교사 오지원

공동저자 수석교사 정의숙

공동저자 교사 최지원

# 3부 영화 밖에서

# 4부 영상 제작 수업

# 5부 영화 활용수업

# 1

# 영화와 교육

# 01  문화예술교육과 영화

문화예술은 문화와 예술의 복합어다. 문화는 사람들이 환경에 적응하기 위해 만들어낸 모든 것을 말하며, 한 시대의 생활양식으로 사회 구성원을 통해서 이어오고 전해진다. 예술은 문화의 한 부분으로 창조하고 표현하는 것이다. 다시 말하면 문화예술이란 한 시대의 생활양식을 창조적으로 표현하는 것이라고 할 수 있다.

문화예술교육은 문화예술을 향유하고 창조력 함양을 위한 교육을 말한다. 대상, 방법, 내용에 따라서 다양하게 이루어지고 있다. 대표적으로 학교 문화예술교육이 있는데, 이는 학생들의 꿈과 끼를 키우고 예술적 역량을 길러내는 것을 목표로 하고 있다.

문화예술의 여러 분야 중에서 영화는 현대사회에서 많은 사람들이 관심을 가지고 쉽게 접하고 있는 분야이며, 그 영향력 또한 점차 커지고 있다. 특히 텍스트 중심의 문화에서 영상 중심의 문화로 문화의 중심이 이동하고 있는 현실에서 교육적 측면에서 영화에 대한 관심 또한 커지고 있다.

어린 시절부터 영상 매체에 익숙한 상태로 학교교육으로 편입되는 학생들을 가르치는 교사들은 학교수업에서 영화를 어떻게 접근해야 할까?

## 문화예술교육으로서의 영화

문화예술교육은 다른 사람들의 감정을 이해하고 수용하는 의사소통능력과 공감능력을 기르는 기초가 된다. 특히 학교의 문화예술교육은 학생들에게 올바른 인성을 심어 주고 정서적인 감성을 자극할 수 있으며 능동적으로 함께 움직이기 때문에 자신의 문제뿐만 아니라 집단 내 갈등 해소에도 많은 도움이 된다. 그중 문화예술을 대표하는 영화는 특히 문화역량을 기르는 데 도움을 준다.

영화를 자주 접하는 것은 문화수준을 한 단계 끌어 올리는 것이다. 문화수준은 선천적으로 생성되는 것이 아니라 다양한 학습과 경험을 통해 쌓여 가는 것이다. 문화수준이 높아질수록 문화역량도 커진다. 학생들이 개인적인 차원에서 영화를 보는 것도 도움이 되겠지만 학교 차원에서 영화수업을 통한 다양한 활동을 권장할 필요가 있다. 학생들은 수업에서 상업영화뿐만 아니라 예술영화나 다큐멘터리처럼 여러 장르를 접할 수 있고 체계적인 학습이 가능하기 때문에 학생들의 자연스러운 문화역량 향상에도 기여하게 될 것이다.

## 영화교육과 교육영화

영화에 대한 교육, 즉 영화교육이란 영화의 전문영역을 확장하는 것으로, 말 그대로 영화에 관한 전반적인 교육이 이루어지는 것을 말한다. 독립교과 형태의 학기제로 운영이 좋으며 다른 교과처럼 체계적인 교육과정이 필요하다. 영화교육은 영화이론부터 제작까지 전반적인 내용을 다루기 때문에 특성화고등학교, 자유학기제, 방과후학교, 동아리활동에 적합하다. 영화는 전문성을 요하는 분야이므로 전공자가 아닌 교사가 수업을 운영하기는 부담스러울 수 있다. 그러므로 전문 강사와 팀티칭 하는 경우 전문성을 확보할 수 있고 또 진로지도에도 도움이 된다.

한편 교육에 활용되는 영화, 즉 교육영화는 영화를 교과의 특성에 맞게 재구성하는 것이다. 교과수업으로 활용하는 영화는 도구적 성격으로, 어떤 부분을 적용해서 교과의 목표를 달성할 것인가가 관건이다. 따라서 교과의 내용요소나 성취수준을 검토한 다음 영화를 선택하는 것이 좋다. 여러 교과가 연계하는 경우 프로젝트 형태수업도 가능하다.

교사의 입장에서는 영화교육과 교육영화의 개념을 구분할 필요가 있지만 학생 입장에서 보면 영화를 통해서 무엇을 얻을 것인가 혹은 자신의 삶과 어떻게 연계할 것인가가 주된 관심사다.


## 왜 영화수업이 좋을까?

첫째, 영화는 이미 완성된 작품이다. 영화를 수업에 적용한다고 할 때 특별한 검증이 필요 없다는 것을 의미한다. 영화 전체 혹은 부분을 보여 준다고 해도 어떤 수업자료보다 훌륭하다.

둘째, 공감능력을 기를 수 있다. 함께 영화를 본다는 것은 이야기와 감정을 공유한다는 것이다. 영화를 보는 것은 스스로 경험하고 느끼는 활동으로,

끝나고 나면 이야기할 거리가 생기며 자신의 생각을 표현하고 함께 나눌 수 있다. 또 다른 사람들이 바라보는 시선이나 새로운 장면을 두고 의견을 교환하는 과정에서 공감대를 형성할 수 있다.

셋째, 다양한 사람과 협력하는 법을 배울 수 있다. 제작 수업의 경우 모둠활동으로 진행하기 때문에 모둠원 개개인에게 역할이 주어지게 된다. 작품을 함께 완성하기 위해서는 시간과 대화가 필요하고, 때로는 교실이라는 공간을 벗어나거나 학생이 아닌 다른 사람들의 지원이 필요할 때도 있어서 여러 사람과 협력하는 방법을 배울 수 있다.

넷째, 창의적인 수업이 가능하다. 창의성이란 사고와 경험을 통해서 새로운 것을 만들어 내는 능력이다. 영화수업에는 다양한 활동이 포함되어 있다. 글쓰기, 그리기, 만들기, 연기, 음악처럼 다양하다. 모두가 자신의 능력과 끼를 발휘할 수 있는 시간이다. 잘하는 것이 무엇인가를 발견하고 즐거움을 찾을 수 있으며 스스로 성장할 수 있는 기회를 제공함으로써 개인의 잠재적 능력과 행복을 추구할 수 있다.

다섯째, 다양한 수업을 적용할 수 있다. 강의식 수업뿐만 아니라 토론식 수업, 문답식 수업이나 협동학습, 문제 해결학습, 역할극 등 기존 수업에서 사용되는 방법을 영화수업에서도 적용할 수 있다.

마지막으로 디지털 환경을 활용한다. 영화 자체는 디지털 환경과 밀접한 관련이 있다. 플랫폼, 영화관, IPTV처럼 여러 경로를 통해서 영화를 감상할 수 있다. 또 제작방법도 스마트폰, 카메라, 전문 장비 등 다양하기 때문에 디지털 환경에 익숙한 학생들의 호기심을 자극할 수 있다.

문화예술교육으로서의 영화수업은 영화를 통해서 나와 너 그리고 세상을 탐구하고 경험하기 위한 것이다. 특히 2015 개정교육과정에서는 예술, 체육

교육 활성화를 통한 인성교육 강화를 위해 활동중심 예술교육의 확대를 추진하고 있다. 영화의 경우도 인성교육과 창의성교육, 자유학기제 등 여러 형태로 학교 교육과정에서 다루고 있기 때문에 단계별, 영역별 교육과정 그리고 발달연령에 따라서 영화에 대한 이해, 감상, 비판적 능력, 제작방법처럼 영역별 세분화된 내용에 대한 논의가 필요하다.

# 02 말에서 디지털 언어까지

**청혼의 벽에 선다면 여러분은 어떤 프로포즈를 기대하는가?**

① 말   ② 글   ③ 영상편지   ④ 모두 다

프로포즈는 생각만 해도 설레는 일이다. 멋지게 프로포즈를 해 본 적이 없는 사람이라고 하더라도 프로포즈는 말, 글, 영상편지를 비롯해 더 다양한 방법으로 가능하다는 것을 익히 알고 있을 것이다.

영화나 드라마 속에서는 분위기 있는 장소에서 영상편지를 보여 주고 미리 써 놓은 편지를 읽으면서 말로 프러포즈를 한다. 그리고는 카메라를 이용해서 기념촬영을 하기도 한다. 이처럼 우리가 상상하는 '프러포즈' 순간에는 한 가지 방법보다는 여러 가지 방법을 함께 사용된다. 실제로도 이벤트 장면을 보면 비슷하다. 상황에 따라서 말이나 글, 영상, 디지털 미디어는 의사소통의 수단으로 사용되고 있다.

## 말은 청각적 매체로 태어나면서부터 자연스럽게 습득한다

일상생활에서 주고받는 말은 깊이 생각하고 확인해서 하는 것은 아니다. 그러므로 순발력과 즉시성이 필요하다.

두 명 혹은 여럿이 함께 주제를 정해 놓고 이야기를 할 수도 있지만 그렇다고 질문에 예상된 답을 생각하면서 말하는 것도 아니다. 같은 내용이라도 사람마다 사용하는 단어나 표현방법이 다르며 비언어적인 행동이 포함되어 있다. 표정이나 몸짓, 목소리 톤에 따라서 달라지기 때문에 말이나 행동을 해석하는 능력도 필요하다.

또 말은 멀리 가지 못하고 저장이 어렵기 때문에 가까운 사람들과는 대화가 가능하지만 멀리 보내거나 중요한 정보를 전달하기 위해서는 보조 장치가 필요하다. 말을 할 때는 표정이나 몸짓 손짓 같은 비언어적 표현을 함께 사용하게 되는데, 이것은 심리적인 내면의 모습을 그대로 표현하는 것으로 모든 행동에는 의미를 담고 있다. 따라서 사람의 생각이나 감정은 말보다 손짓이나 표정으로 먼저 드러나게 마련이다.

말은 보통 언어적 표현과 함께 정보를 전달하며 언어가 통하지 않더라도 의사소통을 대체할 수 있고, 전달하려는 부분을 강조한다.


## 글은 시각적인 매체로 순차적 사고력이 필요하다

말은 누구나 다 할 수 있지만 글쓰기는 아무나 할 수 없다. 읽고 쓰는 능력, 다시 말하면 문식성과 문해력이 필요하다.

글이 등장한 초기에는 글이 지배계층의 독점적 문화를 유지하기 위한 수단으로 사용되었기 때문에 고급문화로 구분되었다. 글을 통해 추상적 사고력이 증가되고 말을 글로 변화시킴으로써 정보가 왜곡되지 않고 오랫동안 저장과 전달이 가능해졌다. 이후 인쇄술이 발달하면서 정보의 대량생산이 가능해지고 널리 전파되면서 대중의 눈높이가 전체적으로 향상되었다.

## 영상은 시청각 매체로 압축적이면서도 종합적이다

영화 〈태백산맥〉을 본 사람들은 10권의 책을 모두 읽었다고 생각한다. 그 이유는 영화는 소설을 요약해서 쉽게 표현했기 때문이다. 이렇듯 어떤 미디어를 선택하느냐에 따라 정보의 양도 달라진다.

미디어는 특성에 따라서 영화, 방송, 컴퓨터 영상, 사진, 광고 등으로 구분할 때도 있으며 방법에 따라서 정지영상과 동영상으로도 나눈다. 대체로 영상의 특징을 다음 세 가지로 나눈다.

첫째, 보편적으로 접근이 가능하다. 말이나 글은 일정 기간 교육이나 훈련이 필요하지만 영상은 세계 공통어처럼 활용될 수 있다. '사과'라는 의미를 전달할 때는 단어의 의미와 읽기 그리고 발음과 해석이 필요하다. 그렇지만 사진 한 장을 보여 줌으로써 정확한 의사전달이 가능하다.

둘째, 속도가 빠르다. 글은 읽기 능력과 사고능력이 필요하고, 말도 끝까지 들어야 맥락을 파악할 수 있다. 하지만 영상은 한 장면에 모든 것을 표현하기 때문에 수용자가 이해하는 속도도 빠르고 경제적이다.

셋째, 정보의 양이 많고 압축적이다. 한 장면에 여러 가지 내용을 담을 수 있기 때문이다. 마을을 소개할 때는 여러 가지 사실을 설명하거나 글로 쓰는 것보다 한 장으로 된 마을지도를 제공함으로써 정보를 한꺼번에 전달할 수 있다.

## 디지털 미디어란 디지털 기술을 미디어에 활용한 것이다

디지털 기술은 다감각 매체로 가공이 쉽고 개인의 특성에 맞게 세분화할 수 있다. 디지털 기술은 맞춤형으로 말, 문자, 영상정보를 재가공한다. 예를 들어 말을 파일이나 텍스트 형태로 변환시키는 것, 글자를 말로 변환시키는 것, 영상을 무한 복제하는 것, 재생산한 자료를 공유하고 확산하는 것 등이 여기에 해당한다.

이렇듯 디지털 미디어가 다른 매체에 비해 효율성이 있지만, 그럼에도 불구하고 말이나 글이 사라지지 않는 것은 말과 글, 그 나름대로의 특징과 고유 기능을 가지고 있기 때문이다. 예를 들어 간단한 이야기를 나눌 때는 디지털 미디어를 사용할 필요는 없다. 간단한 이야기를 나눌 때의 디지털 기술의 활용은 오히려 과도한 시간과 의사소통의 방해를 가져오게 된다. 편의점에 갈 때와 마트에 갈 때, 여행갈 때 가져가는 가방이 모두 다르듯이 상황에 맞게 합리적인 도구를 선택할 필요가 있다. 결국 내용이나 중요도에 따라서 사용하는 미디어가 달라진다고 할 수 있다.

영상 매체는 효과적이기는 하지만 그렇다고 난관이 없는 것은 아니다. 예를 들어 문자는 소설을 대표하는 미디어인데, 소설을 영상으로 바꾼다고 할 때 어려운 점이 있다. 소설 속 한 문장인, "추운 겨울 두 사람은 길을 걷는다." 를 영상으로 표현하기 위해서는 현실적이 어려움이 따른다. 소설 속 문장은 비록 짧지만 시대를 넘나들며 길이를 조절하고 상상력을 자극할 수 있다. 반면 영화는 2시간 동안 모든 것을 표현해야 하기 때문에 원작보다 떨어진다는 평가를 받기도 한다.

더생각해보기

- 말이나, 글, 사진, 영상 등 여러가지 방법 중 한 가지를 선택해서 자기를 소개해 보자. 목적이나 만나는 사람에 따라서 소개방법이나 내용도 달라질 수 있다.

- 상황을 제시한 후 말, 글, 사진이나 그림으로 동영상으로 표현해 보자.
- 처음 만나는 사람들에게 나만의 특별한 모습을 보여 준다면 어떤 방법이 가장 좋을까?

# 03 영상문화와 매체 환경

**온가족이 함께 볼 수 있으며 리모컨으로 조정이 가능하고 일정표가 정해진 매체는?**

① 유트브    ② 신문    ③ 영화    ④ TV

가족들이 모여 TV를 보며 이야기를 나누고 있다면 그것은 아마도 몇 년 전의 모습일 것이다. 지금은 TV를 함께 시청하면서도 스마트폰으로 각자 다른 방송을 보거나 정보를 검색하는 것이 자연스러운 풍경이 되었다.

이런 풍경의 변화가 말해 주듯, 방송은 인터넷과 결합되면서 뉴미디어로 발전하고 있다. 인터넷 라디오를 연상시키는 팟캐스트를 시작으로 출발한 인터넷 방송은 아프리카 TV를 선두로 하여 본격적인 1인 미디어 플랫폼이 구축되기에 이르렀다. 이에 더하여 인터넷 플랫폼에서 활동하는 사람들을 지원하는 다중 채널 네트워크(MCN, Multi-channel network)가 자리를 잡고 있으며 포털 사이트, 지상파, 넷플릭스, 유튜브처럼 온라인을 통해 동영상 콘텐츠를 서비스하는 OTT(over the top)도 뉴미디어 시장을 넓혀 가고 있다. 뉴미디어의 핵심인 콘텐츠와 접근성을 강점으로 하여 원하는 정보를 쉽고 빠르게 찾을 수 있는 매체와 플랫폼을 찾아 이용자가 움직이고 있다.

최근 사람들의 관심이 집중되고 있는 아프리카 TV와 유튜브에 대해 자세히 알아보고, 그것의 한계에 대해서도 짚어 보자.

## 아프리카 TV의 출현과 운영 체계

아프리카 TV는 언제 어디서라도 누구나 인터넷에 연결하여 방송이 가능한 환경을 구축하고 BJ를 지원하고 있다. 아프리카 TV는 생방송과 녹화방송으로 구성되는데, 생방송은 채팅을 통해 방송에 참여할 수 있고 진행자와 소통이 가능하기 때문에 시청자는 방송 중 자신의 존재감을 느끼게 된다. 오프라인 공간에서 소외되거나 자신을 드러내기 어려운 상황에 있는 사람도 온라인에서는 특별한 제약이 없기 때문에 적극적으로 참여하는 경향이 있다. 특히 진행자와 참여자 모두 접근성이 높은 플랫폼이기 때문에 콘텐츠만 있으면 누구나 방송국을 운영할 수 있다. 시청자 측면에서도 채널이 많아지기 때문에 선택의 폭이 넓어지고 이모티콘이나 별풍선을 통해서 진행자와 친밀도를 높일 수 있다. 아프리카 TV는 회사 차원에서 '인터넷 자율정책기구에서 제작한 인터넷 방송 가이드' 자료를 활용해서 BJ 교육을 실시하고 있다. 하지만 온라인으로 진행되고, 자료가 간단해서 실효성에 의문을 제기하는 전문가들도 있다.

## 아프리카 TV의 한계와 문제점

방송을 통해 잘못된 정보나 불건전한 정보가 여과 없이 전달될 수 있기 때문에 꾸준한 모니터링과 자정 노력이 필요하다. 별풍선을 많이 제공하는 시

| 방송사 | 아프리카 TV | 유튜브 |
|---|---|---|
| 국가 | 우리나라 | 미국 |
| 수익구조 | 별풍선, 정기구독, 회사와 배너광고 | 에드센스광고, 프리미엄, 슈퍼챗 |
| 소통방법 | 실시간 채팅, 블로그 형태 게시판 | 실시간 채팅, 영상에 댓글 달기 |
| 플랫폼 | 케이블TV송출 1인 미디어 플랫폼 구축 BJ 발굴 및 지원 | 구글 플랫폼과 연동 동영상 제작 앱과 연동 다국적 언어 지원 |
| 제도 | 국내법에 근거한 규정 준수 자율 정화활동 강화 | 국내법 적용이 어려움 소극적 제재 |

청자는 BJ의 관심을 끌 수 있기 때문에 시청자
는 BJ에게 별풍선을 선물하기도 한다. 하지만 과도한 별풍선
제공은 경제적인 문제를 야기할 수 있다. 방송 시청자는 여가생활이나 호
기심으로 그럴 수 있겠지만 잘못하면 집착 또는 중독의 위험이 있으므로 각
별한 주의가 필요하다. 한편 방송 내용에 문제가 있거나 사회적으로 부적절
한 경우에는 국내법에 따라 제재를 받을 수 있다. 하지만 이러한 제재가 콘
텐츠 육성과 발굴, 표현의 자유를 억압하고 산업 경쟁력을 떨어뜨린다는 지
적도 있다.

## 유튜브의 성장과 운영 체계

유튜브는 최근 들어 청소년들을 비롯한 전 연령층에서 가장 인기 있는 동영상 플랫폼으로 급성장했다. 그 인기 비결을 분석해 보면 다음과 같다.

Z세대라 불리는 밀레니엄 키드는 2000년 이후 태어난 세대를 칭한다. 태어나면서부터 스마트 기기를 접한 모바일 네이티브로 성장했다. 또 유튜브처럼 영상이나 이미지에 익숙하고 정보를 다루는 방법도 기성세대와는 사뭇 다르다. 기존 포털 사이트에서 제공하는 정보는 키워드 중심이었지만 최근에는 정보 제공자가 스스로 해시태그(#)를 붙이고 정보를 분류하는 경향성이 뚜렷해지기 때문에 그에 따라 검색결과도 달라지고 있다. #는 관심이나 취미활동으로 시작되었지만 콘텐츠로 분류되고 있으며, 사이버 공간에서 사회적 이슈를 만들거나 정치적 목적으로 이용되기도 한다.

유튜브의 출발은 동영상을 공유하는 플랫폼이었다. 동영상 데이터를 주고받는 스트리밍 기술이 오늘날 거대한 유튜브를 탄생시켰다고 할 수 있다. 특히 유튜브는 구글과 연동되면서 실시간 방송보다는 동영상 콘텐츠를 구축하는 것이 강점이다.

국내 포털사이트가 폐쇄형 플랫폼으로 운영되기 때문에 안정적인 것처럼 보이지만 외부로부터 접근하기 어려운 반면, 유튜브는 전 세계를 대상으로 한 개방형 플랫폼이기 때문에 등록자나 소비자 모두 접근성이 높다. 특히 10대, 20대는 TV보다 유튜브를 선호하는데, 가장 큰 이유는 프로그램 선택권이 개인에게 있기 때문이다. 자신이 원하는 시간에 원하는 내용을 볼 수 있다는 것이 장점이다. 또한 유튜브는 영상을 통해 정보를 제공한다는 측면에서 학습에도 효과적이다. 영상은 문자에 비해 정보의 양과 속도가 빨라서 구체적인 자료나 시범활동 등에 효과적이기 때문이다.

## 유튜브의 문제점과 극복 대안

유튜브는 이런 장점에도 불구하고 몇 가지 문제점들이 있다.

뉴스나 방송의 경우 다양한 정보를 접할 수 있지만 원하는 콘텐츠만 선택하다 보면 자기만의 세계에 빠지게 되고 이 과정에서 주변에 관심을 두지 않게 된다. 또한 유튜브는 비슷한 콘텐츠를 개인에게 지속적으로 제공해 주는 개인 맞춤형 알고리즘을 갖고 있기 때문에 맞춤형 콘텐츠가 오히려 정보의 편식으로 흐를 우려가 제기된다. 또 플랫폼 형태 역시 시간과 공간의 제약이 없다 보니 주위 사람들이 관심을 두지 않으면 중독으로 빠져들 위험이 크다.

또한 조회 수나 구독수를 늘리기 위해 콘텐츠 제작자는 자극적인 내용으로 팝콘 브레인을 조장하고 있으며, 편집을 빠르게 하는 방법으로 사람들의 정보처리 시스템을 파괴하고 있다. 보통 시각적인 정보를 습득하고 판단하는데 3초가 필요하지만 1~2초간 정보를 빠르게 제공하면 혼란스러워지게 된다. 따라서 분석이나 판단 결정을 하는 사고가 적절하게 이루어지지 못한다. 이런 현상이 반복적으로 진행되다 보면 뇌의 정보처리 시스템에 오류가 생기고 학습이나 일상생활에 문제를 일으킬 수 있다.

따라서 1인 방송을 긍정적으로 활용하기 위해서는 소비자의 역할과 진행자의 역할을 점검해 보고 방송 활용능력을 길러 주는 것이 좋다.

먼저 소비자의 입장에서는 기존 방송의 문제점과 개선방안을 제시하며 관심 분야의 정보를 탐색하고 프로그램을 재구성해 보는 것이다. 예를 들어 수업에 활용할 수 있는 교과별 학습 프로그램이나 수준별 학습 프로그램 그리고 관심 분야의 정보를 모아서 하나의 채널로 제공하는 것이다.

또 생산자의 입장에서 나만의 콘텐츠를 발굴하는 것으로 먼저 콘텐츠를 어떻게 방송할 것인가를 계획하고 다음으로 실행해 보는 것이다. 방송 주제는 다양하다. 공부하는 방법, 악기 연주, 노래하기, 그림 그리기, 운동, 만들기, 생활 속의 아이디어, 요리, 종이 접기처럼 일반적인 내용도 있지만 우리 마을 행사, 우리 동네 자랑거리와 유적지처럼 차별화된 내용으로 접근하는 것도 좋다.

### 더생각해보기

- 주제가 정해졌다면 기존 자료에 어떤 것들이 있는지 살펴보고 1인 방송을 계획해 보자.
- 유튜브 채널을 기획하기 전에 기존 채널을 분석해 보자.

| | 항목 |
|---|---|
| 1 | 따라하면 남에게 피해를 줄 수 있는 내용인가? |
| 2 | 진행자가 쓰는 말이나 내용에 비속어나 욕설이 있는가? |
| 3 | 상품권이나 선물로 댓글, 좋아요. 구독, 알림을 유혹하는가? |
| 4 | 개인정보를 노출하거나 초상권을 침해하는가? |
| 5 | 조회수를 늘이기 위해 조작, 글, 맞구독을 권하는가? |
| 6 | 관심을 끌기 위해 비현실적인 내용으로 구성하는가? |
| 7 | 어린이를 상업적으로 이용하지 않는가? |
| 8 | 빠른 편집, 불필요한 자막이 생각을 방해하는가? |
| 9 | 정확한 정보로 제작된 콘텐츠인가? |
| 10 | 동영상의 댓글에 어떤 내용이 적혀 있는가? |

# 04 영화 리터러시

**영화 속에서 키스 장면이 나온다면?**
① 사랑하는 관계다.
② 주인공이 연기를 잘한다.
③ 두 가지 모두 맞다.

영화 속 주인공들이 사랑을 한다고 할 때 이것은 진실일까, 거짓일까?

정답은 '두 가지 모두 맞다'이다. 영화 〈타이타닉〉의 경우 이야기 속 주인공들은 사랑하는 사이였지만 현실에서 남녀 배우가 서로 사랑을 하는 것은 아니다. 하지만 다큐멘터리 영화의 경우에서는 영화 속 부부가 현실에서도 부부다. 간혹 극영화의 주인공들이 사랑을 해서 결혼으로 이어질 때도 있고 실제 부부가 영화 속 부부로 등장할 때도 있다.

### 영화 리터러시의 이해

영화는 진실과 재현이 혼재되어 있다. 그래서 맞다, 틀리다가 아니라 전체적인 맥락을 이해하면서 감독이 무엇을 전달하려는지 그 의도를 알아차리고 나의 시선으로 읽어 내는 리터러시 능력이 필요하다. 여기서 '리터러시'란 상황을 제대로 보는(읽어 내는) 능력이다.

우리가 읽고 쓰는 능력이 부족하면 신문이나 소설을 이해할 수 없는 것처럼 영화를 바로 알기 위해서는 영화 리터러시가 필요하다. 영화가 사회적 맥락에서 어떤 의미를 지니고 있으며 이를 통해 어떻게 소통하는지 그리고 사회문화적 효과는 무엇인지를 이해해야 하는 것이다.

리터러시의 출발은 영화, 신문, 방송처럼 다양한 미디어를 비판적으로 읽고 대응하기 위해서 방어적으로 시작되었지만 미디어가 생활의 한 부분으로 자리 잡게 되면서 미디어와 공존하는 개념으로 발전하고 있다. 영화 리터러시 능력을 기르기 위해서는 다음과 같은 능력이 필요하다.

첫째, 영화적 지식을 이해하는 능력이다. '영화는 소설과 어떤 점이 다른가?'처럼 다른 미디어와 차별성 그리고 영화가 만들어지고 우리에게 오는 과정 전반에 걸친 것을 이해하는 과정이다. 영화는 여러 사람이 함께 만들고 극장을 통해서 관람하는 여가생활로 존재하고 있다. 한마디로 영화에 대한 정보와 개념을 있는 그대로 인식하는 것이다.

둘째, 영화를 읽어 내는 능력이다. 이것은 숨겨진 내용을 찾는 과정이다. 영화가 이야기하는 것을 정확이 이해할 필요가 있다. 영화를 처음 접한 사람들은 모두 사실이라고 하겠지만 영화가 보여 주는 것은 모두 재구성한 것이다. 또 화면에는 정치, 종교, 사상 등 여러 가지 의도가 숨어 있으며 화면 밖에는 광고를 비롯한 사회적 현상이나 관련 산업과 자본이 어떤 영향을 끼치는가를 알아보는 것이다.

셋째, 내면화 능력이다. 영화를 통해 나의 삶과 경험을 연결시켜 보는 것으로 유의미한 학습과 경험은 개인의 사고나 가치관에 영향을 주고 결국은 행동으로 이어지게 된다. 영화를 읽는 능력이 객관적 분석이라면 내면화 작업은 주관적인 사고와 연계하는 것으로 스스로 생각하는 힘을 기르는 것이다.

넷째, 표현하는 능력이다. 표현은 나의 생각을 구체적으로 드러내는 것이다. 영화를 통해 자신의 삶을 되돌아보고 창조적 방법으로 표현한다. 표현의 방법은 말, 문자, 사진, 영상, 미디어로 다양하며 결과보다는 과정 중심이다.

## 교실에서 이루어지는 영화 리터러시

교실 수업에서 이루어지는 영화 리터러시는 분석과 제작 공유처럼 종합적 능력으로 설명할 수 있다.

다양한 메시지 분석능력은 비판적인 사고능력을 향상시킨다. 영화는 화면에서 보여 주는 것뿐만 아니라 숨은 코드와 스토리가 전하는 메시지를 발견할 수 있는가, 그리고 화면 밖의 정치적 시대적 환경에 대한 이해와 더불어 나만의 경험이나 느낌을 생각하고 표현할 수 있는가도 중요하다.

제작 과정을 통해서 의사소통 능력과 창의력, 협업능력과 문제 해결능력, 도구 활용능력을 기른다. 제작은 기본적으로 창작과 공동 활동으로 많은 시간과 노력이 필요하다. 기획부터 완성까지 여러 단계를 거치게 되는데, 이때 결과도 중요하지만 각 단계별 과정에서 이루어지는 활동을 통해서 리터러시 능력이 향상된다.

저작권이나 초상권과 같은 내용도 수업 중에 살펴볼 수 있으며 완성된 작품 공유를 통해서 공동체 역량을 기를 수 있다. 제작의 목적은 만든 사람이 보는 것도 있지만 여러 사람과 공유하고 알리기 위한 것이다. 그러므로 영화 리터러시는 영화를 비판적으로 이해하고 소통능력을 기르는 것으로, 실제적

삶 속에서 무언가를 할 줄 아는 실질적인 능력으로 현재 교육뿐만 아니라 미래교육에서도 중요한 부분을 차지할 것이다.

최근 영화 리터러시와 미디어 리터러시의 확장된 개념으로 '디지털 리터러시'란 용어가 사용되고 있다. 디지털은 현대사회의 도구이자 콘텐츠 개념으로 인식되고 있으며 디지털 리터러시는 디지털 콘텐츠를 이해하고 다루는 능력을 말하는 것이다. 디지털 리터러시는 디지털 시대를 살아가기 위해서는 적극적으로 참여하고 주체적으로 행동하는 것으로 민주시민의 핵심역량으로 평가되고 있다.

더생각해보기

- 디지털 민주시민이 되기 위해서는 인터넷에서 어떻게 행동해야 하는지 생각해 보자.
- 가짜뉴스와 팩트체크 : 인터넷상의 정보가 진짜인지, 가짜인지 여러 경로를 통해서 확인해 보자.
- 디지털 의사표현 : 자신의 의사를 적절하게 표현할 수 있는 다양한 통로를 찾아보자.
- 스스로 생각하기 : 디지털 미디어와 접속을 끊고 스스로 생각하는 시간을 만들어 보자.

# 2

# 영화 속으로

# 이 본다! 보다?

**영화관에 들어갔을 때 가장 먼저 보는 것은?**

① 화면　　② 비상구　　③ 좌석번호　　④ 옆 사람

　　개인차가 있겠지만 사람들은 시간차를 두고 모두 확인한다. 어떤 일을 할 때는 준비가 필요하다. 영화를 보기 위해서는 먼저 자리를 확인하고 앉아야 볼 수 있다. 한편, 누군가 "우리 영화 보러 갈까?"라고 할 때는 영화관에서 영화를 보는 것을 생각한다. 즉 영화를 본다고 할 때 우리가 '보는 것'은 형식이나 공간 그리고 내용 모두이다. 여기에는 여러 가지 의미가 있다. 영화를 본다는 단순한 사실은 어두운 영화관에 앉아서 전기적인 불빛신호가 벽에 쏟아지는 모습과 스피커에서 나오는 소리를 듣는 모습이다. 조금 더 나아간다면 관객은 2차원적인 전기적 신호를 인지한 다음 머릿속에서 3차원적 시간과 공간으로 그려낸다. 여기에 자신의 경험을 더해서 내재화시킨다.

## 우리는 영화를 통해 과거를 본다

과거는 기록과 경험이다. 모든 장면은 촬영 순간 과거가 된다. 한 장의 사진을 결정적 순간이라고 한다. 촬영 장면을 예측하고 셔터를 누르지만 찍는 순간 과거가 되는 것이다. 정보를 전달하기 위해서 사진을 촬영한다. 사진을 다른 사람에게 보여 줄 때는 그 사람의 입장이나 배경지식에 따라서 여러 가지 해석이 나온다. 80년대 출생한 사람들은 그 시대를 배경으로 하는 영화를 통해서 자신의 삶을 뒤돌아본다. 영화를 보는 관객은 화면 속 이야기만 보는 것이 아니라 자신의 경험을 끄집어내기 때문에 사고의 폭이 넓어지는 것이다. 결론을 이야기할 때도 사실적이고 명확한 내용보다 모호하거나 열린 구조라면 관객이 참여할 여백은 더 많아진다.

## 우리는 영화를 볼 때 순차적으로 본다

1차적으로 화면에 나타나는 사실을 읽는다. 화면 속에서 일어나는 상황이나 사건을 보다 보면 주인공이나 등장인물의 캐릭터를 파악하게 된다. 2차적으로 스토리를 파악함으로써 영화 한 편의 전체적인 맥락을 읽는 것이다. 감독은 flashback 기법을 사용하거나 교차 편집 등 다양하게 플롯을 구성한다. 화면에 보여지는 내용은 순차적이지 않지만 관객은 순차적으로 이해하면서 재구조화한다.

## 우리는 영화를 볼 때, 본능적으로 본다

일단 자리에 앉게 되면 화면에서 보여 주는 대로 처음에는 수동적인 사람이 된다. 다음으로 감독이 보여 주는 카메라 프레임과 동일시하게 되고 시간이 지날수록 감정이 이입되면서 주인공과 동일시된다. 한편 영화는 인간의 본성인 관음증을 인정하고 있다. 엿보기가 허락된 상황이기 때문에 본능적인 욕구를 자극한다. 본다는 것은 단순히 눈으로 본다는 것 그 이상의 의미가 담겨 있다. 이는 만져 보기도 하고 바라보고 느껴 보고 여러 가지 심미적 경험을 느끼는 복합적인 현상이다.

영화를 보는 방법이나 장소도 다양해지고 있다. 인터넷, IPTV 등 인터넷이 되면 어디든 가능하다. 클립 형태로도 볼 수 있다. 함께 영화를 보는 것은 제약된 공간에서 함께 느끼기 때문에 서로 정서적 유대관계가 형성된다. 따라서 영화에 대해 함께 이야기를 나눌 때 정서적인 교감이 이루어진다.

## 우리는 영화를 적극적으로 본다

영화는 드라마와 달리 돈을 지불하고 관람하기 때문에 관객은 적극적이다. 영화를 보기 전 주변 사람들과 이야기를 나누거나 인터넷을 통해서 정보를 수집하고 영화를 선택한다. 드라마의 경우 내용이 맘에 들지 않을 때는 채널을 돌리면 되지만 영화관에서는 재미없다고 중간에 환불을 요구하거나 나가는 경우는 거의 없다. 누가 강요한 것이 아니라 스스로 선택한 결과이기 때문이다. 드라마 때문에 기분이 나빠서 홈페이지에 댓글을 다는 경우는 적지만 영화는 다르다. SNS상에서 '좋아요, 싫어요'처럼 단순한 표현부터 블로그 글 올리기, 비평하기, 기사나 댓글 읽기, 이벤트 참여하기 같이 2차적인 활동에 참여한다. 또 여러 사람과 공유하려는 경향이 있다. 이러한 현상은 1인 미디어가 발달할수록 더 확장되고 있다. 온라인상에서 지불된 경험을 다른 사람과 공유하고 관심받고 싶은 심정이 이어지기 때문이다.

## 우리는 영화를 볼 때, 느낌으로 본다

영화를 보는 방법도 사람마다 다르다. 자막 없는 외국영화를 볼때는 표정이나 몸짓 분위기로 상황을 짐작한다. 시각 장애인은 보이지 않기 때문에 소리에 의존하고, 청각 장애인은 들리지 않기 때문에 화면에 의존한다. 이처럼 관객의 상황에 따라서 받아들이는 내용이 조금씩 다를 수 있다.

'본다'는 의미는 여러 가지 의미를 담고 있다. '바라본다, 만져 본다, 느껴 본다, 들어 본다'는 감각으로 느끼는 것이다. 감각에 제한이 있으면 다른 감각에 집중하게 된다. 예를 들어 시각에 문제가 있으면 청각에 민감하다.

### 더생각해보기

- 베리어프리 영화는 기존의 영화에 화면을 음성으로 설명해 주는 화면 해설과 화자 및 대사, 음악, 소리정보를 알려 주는 한글 자막을 넣어 모든 사람이 함께 즐길 수 있도록 만든 영화다. 영화의 한 장면을 베리어프리 영화로 만들어 보자.

## 02 눈길과 마주보기

**다음 그림에서 나에게 말을 하고 싶은 사람은 누구일까요?**

①      ②      ③      ④

     대화를 할 때는 상대방의 얼굴을 보고 마주 앉아서 이야기를 하는 것이 일반적이다. 영화 속 주인공의 시선이 멈추는 곳, 눈길이 가는 곳이 이야기를 하고 싶은 대상이다. 눈길은 눈이 가는 곳으로, 눈이 보는 방향이나 관심을 표현하는 것으로 일종의 상호작용이다. 영화 속 주인공이 화면을 본다는 것은 지금 처한 환경에 관심을 두지 않고 관객에게 관심을 보인다는 것이다.

     주인공과 눈이 마추치면 주인공이 나를 보고 있다는 생각을 하게 된다. 사실은 영상을 보는 것이지만 영상 속 인물이 나를 보고 있다는 생각을 하는 것이다. 배우가 촬영감독의 카메라를 보는것은 관객에게 메시지를 전달하는 주관적인 샷이다. 대표적인 장면은 뉴스에서 볼 수 있는 아나운서의 시선이다. 정확한 메시지를 전달하기 위해서는 시청자와 마주보고 있는 느낌으로 카메라를 인식하며 뉴스를 진행한다. 기상캐스터나 광고도 마찬가지다. 짧은 시간 동안 날씨를 전달하거나 제품을 소개하면서 구매욕을 자극시키기 위해서는 소비자와 eye contact이 필요하다. 특히 홈쇼핑 광고의 경우 진행자는 방송 시간 대부분 카메라를 보면서 진행한다. eye contact은 호소력이 짙기 때문에 직접 설명하는 방식을 선택한다.

눈길은 내가 보는 방향과 대상의 시선이 어떻게 만나는가에 따라서 달라진다. 영상 속 인물이 화면이 아닌 다른 쪽을 보고 있다면 무언가를 암시하거나 속삭임을 통해 정서를 자극한다. 인물이 메시지를 전달하기보다는 현재 상황을 묘사한 풍경으로 객관적인 모습으로 설명하는 것이다.

극중 대화 장면을 살펴보자. 우리는 대화를 통해 두 사람의 대화 내용이 무엇인지 파악하고 어떤 상황인지를 이해하게 된다. 시선은 나와 마주치지 않기 때문에 관찰자 시점으로 부담이 없다. 하지만 대화 중 나와 눈이 마주친다면 숨어서 보다가 들킨 느낌으로 내가 뭔가를 해야 하는 불편한 감정이 생긴다. 이런 장면을 의도적으로 연출하는 경우도 있다. 이런 경우에는 보통 관객의 동의를 구하거나 강렬한 메시지를 자극하는 상황이며 드라마의 경우 마지막 장면에서 자주 사용된다. 간혹 자신의 생각이나 결심을 하는 장면을 표현할 때는 거울로 눈 마주침을 표현한다.

화면은 영화와 현실을 구분하는 물리적인 경계선이지만 나와 화면 속 인물의 만남이 이루어지는 공간이다. 영화 〈카이로의 붉은장미〉(1985)에서는 이 부분을 사실적으로 표현했다.

힘든 나날을 보내는 주인공 시칠리아의 유일한 낙은 영화를 보는 것이다. 〈카이로의 붉은 장미〉에 빠져 있던 중 놀랍게도 영화 속 주인공 톰이 시칠리

- 우린 지금 얘기 중이잖아?
- 나는 빼고 해

영화 〈카이로의 붉은 장미〉 https://www.youtube.com/watch?v=5X08a888fmw

아에게 말을 걸며 스크린 밖으로 빠져 나오게 되면서 한바탕 소동이 일어나고 톰과 시칠리아는 사랑에 빠지게 된다. 현실에서는 일어날 수 없는 상황이지만 영화는 화면 속 만남을 재미있게 표현하고 있다.

눈 마주침은 비언어적 표현으로 학교생활에서도 많이 사용된다. 교사와 학생, 학생과 학생과의 관계에서도 눈길은 중요하다. 또 가정에서도 필요하다. 눈 마주침은 사회적 상호작용의 기본단계로, 말이나 행동에 앞서 감정이나 느낌을 읽을 수 있으며 관계(rapport) 형성에 도움이 된다. 평소 자신의 습관을 되돌아보자.

더생각해보기

• 사람을 처음 만났을때 시선을 두는 곳은?
• SNS에서 처음 만난 사람과 소통하는 방법은?

# 03 숨은 코드 찾기

**다음 낱말에서 어울리는 것끼리 연결해 보자.**

범인            ·              ·        밤송이

고슴도치         ·              ·        발자국

횡단보도         ·              ·        신호등

 

범인은 발자국을 남기고, 횡단보도를 건널 때는 신호등을 확인하며, 밤송이를 보면 고슴도치가 생각난다. 영화 속에서는 이런 장면을 쉽게 발견할 수 있다. 영화는 감독과 관객 사이를 이어 주는 커뮤니케이션이다. 보여지는 객체가 무엇을 의미하는가 관객이 어떤 의도로 해석하는가에 따라서 상상력을 자극할 수 있다. 감독은 영화 속에 암호와 단서를 넣어 두고 관객과 줄다리기를 하는데 이것이 바로 영화 속 기호학이다.

일상생활속에서 미디어는 기호를 통해 의미를 전달하고 있다. 기호는 기표와 기의로 구분한다. 기표는 보여지는 것으로 소리나 표지로 인지할 수 는 것이며 기의는 개념 또는 의미를 말한다. 예컨대 나무 소리는 표시 부분

으로 기표이며 나무라는 개념은 기의 즉 기호의 의미가 된다. 기호학은 기호에 의미를 부여(encoding)하고 의미를 해석(dicoding)하는 과정으로 사람들이 생각을 기호로 표현하거나 전달하고 이를 해석하는 일을 의미작용이라고 하며 두 사람 이상 여러 사람이 함께 하는 것을 의사소통이라고 한다. 기호학자인 퍼스는 기호의 작용방식을 지표, 도상, 상징으로 구분하였다. 영화속 기호학은 배경지식을 동원하면서 퍼즐 조각을 하나씩 하나씩 완성하기 때문에 상상력을 자극하는 것이다.

## 지표

지표(index)는 범인과 발자국처럼 인과관계를 나타낸 것이다. 연기가 나면 불을 피우고 있다고 생각하게 된다. 연기와 불은 서로 인과관계를 설명하고 있는 것으로, 영화 속에서 차를 타고 가다 갑자기 유턴을 하는 것은 생각이 바뀌거나 급한 일이 있다는 것, 칼에 피가 묻어 있으면 사건이 발생했다는 것을 암시한다. 영화뿐만 아니라 금석문이나 화석, 유적지의 유물은 당시 사회의 모습을 알 수 있는 역사적인 지표로 해석될 수 있다.

더생각해보기

- 인과관계를 나타낼 수 있는 내용을 만들어 보자. 휘파람을 불며 오는 남자의 뺨에 립스틱 자국이 있다. 이전에 어떤 일이 일어났을까?

## 도상

도상(icon)은 고슴도치와 밤송이처럼 닮은 꼴이다. 사과 사진은 실제 사과가 아니지만 모두 사과로 인식한다. 사진을 보는 것은 인화지를 보는 것으

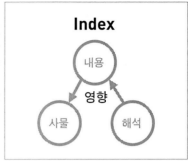

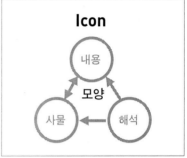

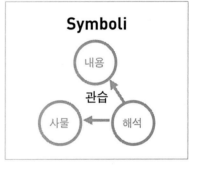

로 실제는 아니지만 우리의 눈은 직관적으로 해석한다. 주변에서 가장 쉽게 볼 수 있는 것은 올림픽 픽토그램이다. 만화의 경우도 유사성에 기초하고 있으며 상형문자나 그래픽 심벌은 대상과 닮은 꼴을 유지하고 있다. 도상은 모양이나 형태의 유사성을 근거로 한다. 음식 프로그램을 보면 식욕이 자극된다. TV라는 생각보다 화면에 직관적으로 몰입을 한다. 아이콘은 직관적이기 때문에 의사소통도 가능하다. 일상생활에 자주 사용되는 단어를 아이콘으로 만들어 의사소통이 어려운 장애인이 원활한 의사소통을 위한 도구로 활용할 수 있으며, 해외여행에서 외국인과 의사소통을 하기 위한 수단으로 활용할 수도 있다.

더생각해보기

• 주변 상황을 간단하게 표현하는 아이콘을 만들어 보자. SNS에서도 감정이나 상황을 표현하는 이모티콘이 있다. 그렇지만 모든 것을 설명하지 못한다. 지금의 감정을 표현하는 이모티콘, 어떤 상황을 전달하는 코드를 만들고 무엇을 의미하는지 활용해 보자. 만든 사람과 보는 사람이 바로 알아챈다는 것은 공감과 소통능력이 많다는 것을 의미한다.

**상징**

상징(Symbolic sign)은 횡단보도 신호처럼 약속이나 습관을 의미한다. 사물이나 내용과는 서로 관련이 없지만 사람들의 자의적인 속성이며 관습이나 문화에 의해서 결정된다.

태극기, 애국가는 우리나라 사람만이 공감하는 것이다. 대표적으로 호러 영화 씬에서 서낭당이나 무당의 방울소리는 공포의 상징으로 인지하지만 정서적 공감대가 없는 사람들은 그저 종소리나 나무 한 그루에 불과할 뿐이다.

자동차 표지판이나 숫자 말과 언어는 모두 합의된 약속이다. 우리나라 영화가 인도나 유럽에 쉽게 진출하지 못했던 이유 중 하나는 바로 이 상징적 의미가 전달되지 못했기 때문이다. 한국적인 정서나 동양적 이미지는 문화를 공유하는 데는 한계가 있지만, 최근 인터넷이 발달하고 K-POP과 함께 드라마나 영화가 세계 각국으로 수출되면서 우리 정서나 문화코드도 함께 전파되고 있다.

더생각해보기

- 목욕탕 씬에서 시원하다는 말을 한다면 외국인들은 어떤 반응을 보일까? 자막으로 처리한다면 어떻게 해석될지 궁금하다.
- 이밖에도 일상생활에서 사실과 다른 의미의 문화적 코드를 찾아보자.

# 04 빛과 색의 언어

**옷을 고를 때 선호하는 색은?**

① 빨강        ② 주황        ③ 노랑        ④ 초록

⑤ 파랑        ⑥ 남색        ⑦ 보라

사람마다 취향이 다르기 때문에 좋아하는 색도 다르다. 그것은 아마도 색에 코드가 숨어 있기 때문일 것이다. 빨간색은 정열적인 용기와 사랑을 표현하지만 경고나 금지에도 사용된다. 주황색은 창조와 친근함, 사교적인 느낌을 불러일으키지만 자만과 허영심을 표현하기도 하며, 노란색은 낙천적임, 명랑함을 상징하는 반면 불안과 고독을 표현하는 데에 사용되기도 한다. 초록색은 평화와 근면을 표현하지만 동시에 고집과 긴장감도 표현한다. 파란색은 소통, 또는 이성을 상징하지만 동시에 보수와 피로를 드러낸다. 남색은 정리와 분석 그리고 완벽과 강박을 대변한다. 보라색의 긍정적인 면은 회복력과 자기신뢰를, 부정적인 면은 비판적이며 우울한 기분을 나타낸다. 이렇

게 감정과 상태나 상황을 표현하는 색은 어디서부터 출발했을까?

태양광 중 인간이 눈으로 감지할 수 있는 가시광선을 '색'이라고 하며, 모든 색은 고유의 파장을 가지고 있다. 색은 고정된 것이지만 사람들의 문화와 환경, 경험과 감성, 학습과 교육을 통해서 재해석되고 있다. 색을 눈으로만 구분하는 것이 아니라 후천적인 지각에 의해서 온도, 맛, 무게, 속도, 거리, 공간, 촉감, 시간, 나이, 소리로 구분해서 인식하는 것이다.

앞서 제시한 문제에서 빨간색을 골랐다면 같은 색의 감성 코드를 가지고 있다는 것이다. 수업이나 단체 활동에서 모둠을 구성할 때 여러 가지 색 스티커를 나눠 준 다음 선택한 색을 보고 모둠을 재구성한다. 동일한 색은 감성 코드가 같기 때문에 동질집단으로 구성하거나 모두 다른 색으로 이질집단을 구성할 수 있다. 이처럼 색을 통해서 심리를 파악하거나 상황 연출이 가능하다.

## 영화에서는 빛과 색을 통해 정보를 전달한다

빛은 이미지를 만들어 내며 촬영장에서는 조명을 이용해서 공간이나 분위기를 연출한다. 같은 상황이라도 조명 방향이 어느 쪽이냐에 따라서 전달하는 의미도 달라진다. 색 또한 함축적인 의미를 가지고 있다. 배우의 의상이나 분장 소품과 어울리면서도 캐릭터가 살아야 하며 전체적인 장면과도 조화가 이루어져야 한다.

영화 〈중천2006〉은 죽은 영혼

이 머무르는 곳이다. 김태희(소화 역)의 의상은 감정에 따라서 달라진다. 현실과 중천에서 사랑의 감정을 느낄 때는 분홍색 옷을 입고 있지만 중천의 장군이나 책임자의 위치에 있을 때는 하얀색 옷으로 표현하고 있다.

1차적으로 촬영장에서 결정된 빛과 색은 2차 편집과정에서 조정되는데, 이때 시나리오나 장르에 따라 느낌을 다르게 한다. 1차적인 색은 돌발 상황을 고려해야 한다. 흐린 날과 맑은 날, 아침과 저녁, 창가 쪽과 안쪽, 형광등과 태양광, 여름과 겨울에 따라서 화면에 보이는 색이 달라지기 때문에 항상 점검이 필요하다. 2차 편집과정의 색보정은 전체적인 느낌과 자연스러움을 관객에게 전달하기 위한 과정으로 시나리오에 대한 이해가 필요하다.

## 영화 내용이나 장르에 따라서 보여 주는 색도 달라진다

애니메이션, 가족영화, 로맨틱 코미디의 경우에는 파스텔 톤이나 밝은 색이 많이 사용된다. 조명은 정면이나 위쪽에서 비추기 때문에 환한 분위기를 연출하며 프레임은 풀샷이나 롱테이크 기법을 사용함으로써 공간을 여유 있게 보여 준다.

주제가 사랑이나 성장인 경우에는 따뜻한 색이나 자연색을 사용해서 느낌을 살린다. 하지만 공포나 스릴러영화의 경우는 무채색과 차가운 색, 어둡거나 탁한 색을 사용함으로써 분위기를 조성한다. 조명도 어둡게 하거나 아래에서 비추기 때문에 특정 부분에 집중한다. 또 클로즈업이나 정지화면을 사용하면서 정보를 제한함으로써 상상력을 자극한다.

일상생활에서도 색은 중요한 역할을 차지한다. 편의점이나 패스트 푸드점의 경우 회전율을 높이기 위해서 원색이나 딱딱한 책상이나 의자를 사용하지만 상대적으로 심리적 안정이 필요한 병원이나 상담실의 경우에는 오랜 시간 머무르게 하기 위해서 부드러운 색과 안락한 의자가 사용된다. 기업이나 정당의 로고에서 가장 많이 사용되는 색은 파란색이다. 파란색은 하늘이나 바다를 표현하는 색으로 쾌적하고 상쾌한 분위기를 연출할 수 있다. 또 신뢰와 믿음을 상징하기 때문에 정치인의 경우 생방송이나 중요한 메시지를 전달할 때는 파란색 넥타이를 착용한다.

음식이나 옷에서도 색에 대한 고정관념이 숨어 있다. 맛있는 사과는 빨간색, 바나나 우유는 노란색으로 생각한다. 그동안의 경험이 고정관념으로 형성된 것이다. 판단이 어려운 경우에는 익숙한 것을 선택하는데, 예를 들어 빨간 수박과 노란 수박이 접시 위에 있다면 대부분은 빨간 수박으로 손이 갈 것이다. 노란색은 왠지 낯설게 느껴지고 오렌지처럼 신맛을 상상하게 된다.

학습이나 심리치료에도 색이 활용된다. 형광펜을 사용해서 내용을 강조하거나 부족한 부분을 표현하기도 한다. 좋아하는 색을 칠하거나 정반대 색으로 느낌을 표현하는 경우도 있다. 같은 그림이라도 칠하는 색에 따라 다르게 느껴진다. 색에 감정이 실리기 때문이다.

더생각해보기

• 나를 색으로 표현한다면 어떤 색이 어울릴까?
• 상황이나 장소에 따라서 옷차림도 다르다. 면접 볼 때와 데이트할 때 어떤 색이 어울릴까?

# 05 각도의 비밀

**다음 중 눈높이에 편한 사진은?**

①       ②       ③       ④

눈높이 시선(eye level)은 누구에게나 익숙하기 때문에 자연스럽게 보인다. 위에서 아래로 찍거나(high angle) 위로 찍는(low angel) 것은 감독이 영상에 의미를 부여하는 것이다. 영화 오프닝 장면 중 하늘에서 촬영한 각도(bird's eye view shot) 혹은 동물들의 시선으로 보는 각도(extreme low angle shot) 등 한 부분만 강조해서 보여 주는 장면(Extreme Close up)은 우리에게 익숙하지 않은 장면이기 때문에 받아들이는 데 시간이 필요하다. 이렇듯 감독이 보여 주는 것은 현실세계를 떠나 영화세계에 몰입을 유도하는 방법이다.

같은 장면이라도 촬영 각도에 따라서 느낌이 다르다. 눈높이 시선은 감정을 잘 표현할 수 있고 사실적으로 내가 주체가 되지만 카메라 높이가 다를 경우 감독이 주체가 되며 의미가 담겨 있다. 액션영화에서 싸움을 시작할

때는 아이레벨(←→)이지만, 승자의 시선으로 아래를 보는 것(↘)은 카메라로 보면 하이앵글(high angle)이고, 넘어진 사람이 보는 시선(↗)은 로우앵글(low angel)이다.

## 하이앵글

하이앵글은 산이나 건물 위에서 내려다보는 느낌이다. 대상이 사람인 경우 억눌리거나 무력감, 왜소함을 나타내기 때문에 얼굴 표정을 관찰하고 표현하기 쉽다. 새나 기린처럼 높은 곳에서 보는 것도 하이앵글 시점 샷이다. 카메라가 하이앵글로 촬영했다면 극장의 관객도 같은 눈높이에서 바라보기 때문에 피사체의 움직임이 적다.

## 로우앵글

로우앵글은 낮은 곳에서 촬영하기 때문에 하늘 부분이 많이 보여 밝고, 희망적이고, 명랑, 활발한 느낌을 준다. 또 피사체가 실물보다 크게 보여서 속도감이나 운동성을 느낄 수 있다. 스타일을 강조하거나 다리가 길어 보이게 하기 위해서 사용하며 강아지나 개미의 눈높이로 보는 것도 로우앵글 시점 샷이다.

앵글을 표현할 때 독립적인 설정보다는 앞뒤 맥락이 이어지는 연속성의 한 부분으로 해석하면 된다. 인물이 산에 오를 때는 하이앵글이지만 정상에 올라서서 바라볼 때는 로우앵글이다.

## 아이레벨

아이레벨의 경우 일상적인 눈높이로 사실을 전달하는 데 사용되기 때문에 카메라를 거의 의식하지 않는다. 감정을 전달하기보다는 객관적인 장면 관찰자 입장에서 영화를 보여 주는 것으로 사실주의적인 경향이다.

다다미 샷은 일종의 아이레벨이다. 일본의 오즈 야스지로 감독으로부터 시작되었으며 일본의 좌식문화에 어울리는 촬영구도다. 무릎 꿇고 앉은 자세에서 카메라를 거의 움직이지 않고 정적으로 촬영을 한다. 카메라 높이가 인물의 시선과 같은 위치에 있기 때문에 감정이나 표정을 그대로 전달하며 함께 앉아 있는 효과를 준다. 절제된 모습이나 사실적인 영화에서는 다다미 샷을 사용한다.

## 여백

카메라의 위치도 중요하지만 화면 속 여백도 관객들에게 심리적인 영향을 준다. 헤드룸(head-room)은 화면의 안정감과 균형의 여백을, 노즈룸(nose room)과 리드룸(lead room)은 시선이나 동작의 방향의 여백을 나타낸다. 여

백이 없으면 답답함을 느끼지만 반대로 심리를 표현하기 위해 여백을 없애
는 경우도 있다.

최근 디지털 기기가 발달하면서 액션 캠이나 셀카봉을 활용한 스마트폰
촬영이 붐을 이루고 있다. 셀카봉 촬영은 얼짱 각도에서 촬영되며 인물과 표
정 그리고 주변을 함께 담기 때문에 역동적으로 보인다. 액션 캠은 신체에
부착하고 야외활동 레저 스포츠, 경주 등 역동적인 모습을 1인칭 시점으로
촬영하기 때문에 관객도 함께 느낄 수 있다. 하지만 촬영할 때 역동적인 장
면을 연출하는 상황이 아니라면 항상 관객의 입장에서 생각하고 촬영내용을
확인한다. 스마트폰에서의 사소한 움직임이나 초점은 PC나 대형 스크린으
로 보는 것과는 다르기 때문이다. 촬영을 할 때 한 발짝 움직이는 것과 한 호
흡을 멈추는 것은 영상의 완성도를 높일 수 있다.

더생각해보기
• 카메라 위치에 따라서 인물이나 정보를 다르게 표현할 수 있다. 촬영 방
  법이나 사용하는 곳도 다양하다. 공식적인 사진과 SNS에 올리는 사진,
  결혼식 사진은 모두 다르다. 어떤 사진이 나를 잘 표현하고 있는가?

# 06 제자리 찾기 미장센

**우리 반 교실에서 70년대 씬을 촬영한다면 소품이 아닌 것은?**

① 난로       ② 네모난 쇠도시락       ③ 책가방
④ 풍금       ⑤ 컴퓨터             ⑥ 교탁

　영화의 시대적 배경이 현재라면 교실 그대로 촬영을 하겠지만 1970년대라면 상황이 다르다. 계절이 겨울이면 난로가 있고 그 위로 도시락이 겹겹이 쌓여있다. 교탁 옆에는 풍금이 놓여 있을 것이다. 이처럼 시대에 맞게 각종 소품을 배치하는 것을 '미장센(mise en scene)'이라 한다.

　미장센이란 연극에서 출발한 프랑스 어로 연출을 의미한다. 연출자가 무대 위의 모든 시각적 요소들을 배열하는 작업의 연속으로 카메라를 통해 보이는 모든 이미지를 말한다. 여기에는 인물, 세트, 사물, 조명, 의상, 카메라의 각도와 동선 같이 사소한 움직임 등 모든 것이 사전에 계산된다. 화면에 보이는 모든 것은 의미가 있다. 촬영 전에 완벽한 준비가 필요하기 때문에

영화 〈달세계 여행〉 https://youtu.be/_FrdVdKlxUk

점검하고 또 점검한다. 사전 준비가 부족해서 '옥에 티'가 생긴다면 작품에 완성도가 떨어지게 된다. 특히 역사극의 경우 과거로 갈수록 고증작업이 어렵다. 박물관의 유물, 서적, 논문, 벽화 등의 자료를 근거로 옷이나 집과 같은 생활상을 복원하지만 대부분 상류층 자료이기 때문에 서민층에 대한 정보는 늘 부족하다. 이처럼 어려운 과정을 거치기 때문에 허구나 상상력으로 영화가 만들어진다 해도 전혀 근거가 없는 것은 아니다.

영화는 시대를 알아가는 소중한 자료 창고다. 내용도 중요하지만 영화가 보여 주는 자료를 통해서 시대의 모습을 반영하기 때문에 학습 자료로 사용할 수 있다.

시대에 따라서 주제나 표현 방식도 다르다. 6~70년대 공포영화는 여자의 한이나 원한 관계가 많고 장소도 공동묘지나 서낭당, 깊은 산속의 외딴집 이었다면 최근에는 학교나 병원 이야기가 많다. 따돌림이나 폭력으로 이어지는 사건, 잘 모르는 이웃집과 얽히는 일들이 소재로 다루어진다.

사랑의 메신저도 다르다. 6~70년대 영화에서는 손 편지로 서로의 마음을 나누었다면 80년대는 공중전화나 무선호출기가 활용되었다. 지금은 스마트폰이나 SNS를 통해서 마음을 전하고 있다. 영화는 그 시대를 대변하고 있기 때문에 시간이 흘러도 사회사를 연구하는 자료에도 많은 도움이 된다.

미래를 다룬 SF 영화는 모든 것이 작가와 감독의 상상으로 만들어진다. 최초의 SF영화인 〈달세계 여행〉(1902)도 코미디처럼 보이지만 제작 당시는 상상력을 동원해서 만든 최신 작품이다. 아직 다가오지 않는 미래의 공간을 배치한다고 할 때 어떤 모습일까? 영화 속 모습이 현실이 되는 경우가 많다.

얼마 전까지 영화에서 보이던 홀로그램이나 1인용 비행기 자율주행 자동차는 실제로 연구가 진행되고 있으며 운행을 준비하고 있다. 영화적 상상력이 현실을 앞서간다고 할 때 소품 하나 하나가 중요한 의미를 가지게 된다.

미장센은 영화나 연극뿐만 아니라 현실에서도 중요하다. 공부방 거실을 꾸밀 때 최적화를 위해서 가구의 방향, 벽지의 색, TV의 방향은 어디로 할 것인가? 교실의 경우 책상 배치와 사물함의 위치, 게시판의 구성에 따라서 분위기가 달라지기 때문이다.

미장센 중 딥포커스(Deep focus) 기법은 화면 안의 모든 정보를 선명하게 하는 것으로 보이는 대상은 수평적 관계를 유지한다. 관객은 감독의 의도성을 배제하고 해석과 선택에서 자유로울 수 있으며 스스로 가치판단을 할 수 있다. 감독은 모든 것을 보여 주고 관객은 선택하는 것이다. 모든 사물을 보여 주면서도 초점이 맞으려면 피사계 심도를 깊게 촬영한다. 눈으로 일상생활을 하는 장면과 비슷한 상황이 연출되는 것이다.

딥포커스 기법을 사용한 〈시민 케인〉(1941)의 한 장면이다. 여기에서는 카메라가 움직이면서 밖과 안의 모든 것을 보여 주고 있다.

영화 〈시민케인〉의 딥클로즈 장면 https://youtu.be/YvbfvmbVLZI

더생각해보기

- 최근 인테리어나 가구 배치에 시뮬레이션 프로그램이 활용되고 있다. 프로그램을 활용해서 가상의 세트장을 꾸며 보자.

# 07 편집의 비밀

편집은 (          )다.

① 더하기　　② 빼기　　　③ 곱하기　　　④ 나누기

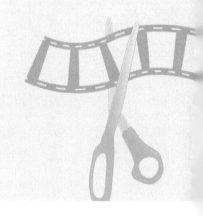

　촬영을 실수 없이 한 번에 끝낼 수 있을까? 이렇게만 된다면 촬영장에 있는 모든 사람들이 반길 것이다. 시간과 예산을 아낄 수 있기 때문이다. 하지만 아쉽게도 영화 촬영에서 NG는 늘 일어난다. 학생들이 찍는 단편영화는 두말할 것도 없다.

　전문 연기자라 하더라도 영화의 완성도를 높이기 위해서 한 장면을 수십번 반복해서 촬영한다. 자연 다큐멘터리의 경우에는, 짧게는 몇 시간부터 수년 간 촬영을 하지만 상영시간은 100분 남짓에 불과하다. 구성에 필요한 장면 외에 대부분은 버려지기 때문이다.

　이러한 편집 작업은 예상외로 시간이 많이 필요하다. 어떤 자료를 사용할

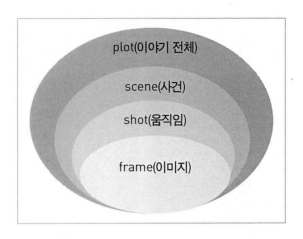

것인가 선택하는 것도 있지만 힘들게 촬영한 자료를 버려야 하는 고민 때문에 작업시간이 길어지기도 한다. 영화는 퍼즐이 완성되는 것처럼 frame(이미지), shot(움직임), scene(동일한 장소와 시간), sequence(짧은 이야기)가 모여서 plot(이야기 전체)이 만들어진다.

　편집은 촬영 순서에 맞게 나열하는 것이 아니라 서로 다른 시간과 공간에서 촬영한 내용을 줄거리에 맞게 재구성해서 완성한다. 이 과정에서 소리와 색 보정처럼 기술적인 부분도 있지만 어떤 장면이 스토리에 효과적인가를 선택하고 보완하는 것은 편집자의 경험에 따라 달라지기 때문에 편집을 제2의 창작이라고 한다.


## 몽타주 기법

　편집의 개념으로 사용되는 몽타주(montage)는 건축에서 사용된 프랑스어로 결합, 조립의 의미로 사용되었다. 미술이나 사진에서도 서로 다른 여러 개를 합쳐 하나의 완성품을 만드는 것을 말한다. 영화에서는 여러 장면을 연결하면서 새로운 장면을 만들어 내는 것을 몽타주 기법이라고 한다.

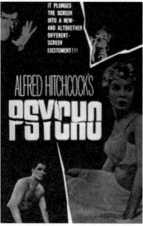

영화 〈전함 포테킨〉 https://youtu.be/bNg10Akv0Eg
영화 〈사이코〉 https://youtu.be/_RtcuB8VC2Q

몽타주 기법이 효과적으로 사용된 것은 〈전함 포텐킨〉(1925)에서 시작되었다. 감독이 의도적으로 화면을 자른 것이다. 오데사의 계단 씬인 학살 장면에서 교차편집을 통해 전혀 다른 장면을 연결하여 학살 장면을 극대화함으로써 긴장감을 유도했다.

히치콕의 〈싸이코〉에서 목욕탕에서 여자가 살해당하는 장면도 대표적인 몽타주 기법이다. 실제 살인 장면은 없지만 커튼에 비춰지는 그림자와 칼, 놀란 여자의 얼굴과 흐르는 피가 이어지면서 관객은 사건을 상상하기 때문에 눈으로 보는 것보다 더 강한 인상을 받는다.

**플래시백 기법**

플래시백 기법의 경우 일정한 속도로 이야기가 전개되다가 특정한 계기에 갑자기 과거를 회상하면서 다른 장면으로 연결된다. 그렇지만 관객은 전혀 이상하게 생각하지 않는다. 모든 것을 수용하고 용서한다. 관객은 처음부터

영화 〈살인의 추억〉 https://youtu.be/phd2-rLxf9s
영화 〈라라랜드〉 https://youtu.be/TOpD-NiM_3Y

편집에 대한 개념을 생각하지 않고 전체적인 플롯의 구성, 즉 이야기의 내용에만 관심을 두기 때문이다.

### 교차편집

교차편집의 경우 서로 다른 장소에서 일어나는 사건이 연결되는 모습으로 긴장감을 조성하거나 감정을 고조시키는 상황을 연출하는 장면에 사용된다. 범인과 형사가 서로 쫓고 쫓기는 장면에서 서로 맞닥뜨리는 장면으로 연결되는 상황이다.

### 롱테이크 기법

롱테이크 기법은 편집 없이 촬영하는 방법으로 현실성과 사실성을 강조할 때 사용한다. 배우는 몇 분 동안 연기를 하기 때문에 어렵지만 연극과 같은 느낌으로 진행된다. 관객의 입장에서는 주관적인 입장에서 감상할 수 있으며 집중과 몰입을 하게 된다.

## 장면전환

영화나 드라마의 경우 3~5초에 한 번씩 장면 전환이 이루어진다. 즉 컷 (cut)이 바뀌게 된다. 그 이유는 우리가 사물을 보고 인식하고 판단하는 시간 이 약 3초가 필요하기 때문이다. 순서상으로 ① 풀샷에서는 주변환경 파악 ② 미디엄샷에서는 인물간의 관계를 인식한 다음, ③, ④ 클로즈업에서는 대 화와 감정을 읽는 순서로 진행된다. 순차적으로 진행되기 때문에 전체적인 맥락을 이해하는 데 어려움이 없다.

영화의 장르에 따라서 3초 이내로 편집하는 경우나 더 느리게 하는 경우도 있다. 액션영화의 경우 긴장감과 몰입을 위해 빠르게 편집하는 것은 스토리 맥락에 맞게 특정한 지점에서 의도적인 구성이다. 다큐멘터리의 경우는 이 와 정반대로 편집을 한다.

① 주변환경 파악 ② 인물 간의 관계 ③, ④ 대화와 감정 읽기

• 편집은 단순하게 잘라서 붙이는 기능이 아니라 새로운 이야기를 만들어
  내는 두 번째 창작활동이다. 같은 사진이지만 어떻게 배치하는가에 따
  라서 이야기가 달라진다. 앞서 제시한 사진을 재구성한다면 어떤 이야
  기가 될까?

# 08 산소 같은 소리

아쿠아리움에 가면 무엇을 보는가?

①관객　　　②물고기　　　③잠수부　　　④물

　대형 아쿠아리움에 가는 것은 물속 여행을 체험하고 싶어서다. 넓은 수족관에서 고기가 헤엄치는 멋진 모습을 감상하지만 물고기에게 진짜 중요한 것은 물이다.

　아쿠아리움의 물고기가 영상이라면 물은 사운드다. 우리가 산소 없이 살 수 없듯이 물이 없는 아쿠아리움은 상상이 안 된다. 극장에 가서 돈을 지불하고 영화를 보는 것은 대형 스크린을 보는 것도 있지만 한편으로는 사운드를 입체적으로 느낄 수 있기 때문이다. 극장은 시청각 감동을 동시에 느낄 수 있도록 설계된 공간이다. 하지만 우리가 영화관 선택 기준에서 사운드를 중요하게 생각한 적은 아직까지 없었다. 사운드가 영화나 일상생활에서 어떤 역할을 하는지 확인해 보자.

## 사운드는 감성을 자극하고 상상력을 동원한다

정보를 습득하는 과정에서 시각은 87%, 청각은 7%, 3%는 나머지 감각이다.(『색의 비밀』, 2005, 노무라준이치) 시각적 정보는 너무 많은 내용이 포함되어 있기 때문에 상상력의 발현을 방해하고 쉽게 잊혀지기 쉽지만 청각적 정보는 정보 양이 적은 대신 상상력과 결합되기 때문에 오래 기억된다. 따라서 청각을 시각과 분리하면 상상의 공간은 더 넓어진다.

영화를 보다 보면 사운드가 없는 장면도 나온다. 특정 장면에서 사운드가 들리지 않으면 한 호흡을 쉰다. 관객은 '무슨 일이 있는가?' '다음에 어떤 말을 할까?' '혹시 기술적인 문제가 있는가?' 등 여러 가지 상상을 하면서 긴장을 멈추지 않는다.

## 침묵도 사운드의 종류다

광고의 경우 장소에 따라서 사운드를 조정해야 하는 경우도 생긴다. 같은 광고라도 음향효과가 완벽한 극장이나 방송에서는 정보를 충분하게 전달할 수 있지만 지하철이나 버스 길거리의 광고판은 사운드를 사용하기가 어렵다. 또 소비자의 디바이스나 주변 환경에 따라 다르게 느낄 수 있기 때문에 제작단계부터 모든 것을 고려해야 한다.

## 사운드를 활용하는 매체는 라디오다

영상과 디지털 환경이 발달하고 있는 상황에서 지금도 라디오가 살아 있는 것은 나름대로 고유의 역할을 하기 때문이다. 라디오 방송은 진행자와 청취자 사이가 매우 가깝게 느껴진다. 여러 사람이 함께 듣는 경우보다 혼자서 들는 경우가 많기 때문에 가족이나 친구 같은 느낌이 든다. 운전 중에도, 작업을 할 때도, 공부를 하면서, 운동을 할 때도 들을 수 있으며 늦은 밤 음악방송 DJ의 멘트나 노래는 감성을 자극한다. 사연을 소개하는 프로그램의 경우 전화로 실시간으로 쌍방향 소통이 이루어지며 내용도 대부분 생활 속의 이야기여서 누구라도 참여가 가능하다. 또 라디오는 종합적인 정보를 전달한다. 일단 켜 놓고 끄기 전까지는 별도의 조작 없이도 드라마, 뉴스, 광고 모든 것을 사운드로 전달하기 때문에 다양한 정보를 얻을 수 있다. 늦은 밤이나 공부를 할 때 운전을 할 때 친구나 이웃처럼 느끼는 것은 소리를 통해서 감성을 자극하기 때문이다. 보이지 않을수록 상상력은 자극되기 마련이다. 한때 얼굴을 드러내지 않고 노래를 발표하는 방법으로 신비주의 마케팅을 벌여 인기를 얻은 경우는 이 때문이다.

## 영화에서 사운드가 차지하는 비중이 점점 높아지고 있다

사운드의 강약과 속도는 영화의 전체적인 분위기를 살려 주며 관객들의 심리적인 효과를 끌어올릴 수 있기 때문에 사전 기획 단계부터 사운드 디자이너가 함께하는 경우가 많아졌다. 단순히 녹음을 하거나 붐 마이크를 잡는 기능을 넘어 영화의 맥락과 흐름 그리고 완급을 조절하는 역할을 하는 사운드 디자이너는 영상미학과 함께 영화에서 점차 중요한 위치를 차지해 가고 있다.

### 더생각해보기

조용한 환경보다 소리가 공부에 도움이 될 때가 있다. 음악을 들으면서 공부를 할 때나, 백색소음처럼 도서관이나 카페 소리를 들으며 공부할 때가 이에 해당한다. 최근에는 ASMR(Autonomous Sensory Meridian Response) 이 인기를 얻고 있다. 소리가 심리적 안정감을 주기 때문이다.

- 공부할 때, 휴식을 취할 때 어떤 소리가 편안하게 들리는지 찾아보자.
- 주변에서 활용할 수 있는 ASMR을 찾아보자.

# 09 화면안의 소리, 밖의 소리

80년대 모습을 그린 영화 〈써니〉(2011)의 한 장면이다. 화면을 보고 어떤 소리가 들릴지 생각해 보자.

① 기타소리　② 떠드는 소리　③ 노래소리
④ 덜컹거리는 소리　　　　　⑤ 아기울음소리

　학생들이 기차를 타고 MT를 가는 장면이다. 영화를 보지 않은 사람이라도 어떤 소리가 날지 대충 짐작을 할 수 있다. 소리는 일상생활처럼 자연스럽게 들리지만 하나에서 열까지 계산된 소리다.

　스크린을 기준으로 안에서 나는 소리와 밖에서 들리는 소리로 구분할 수 있다. 디제시스(diegesis) 사운드는 스크린 공간에서 자연스럽게 발생하는 소리로 기타 치는 소리, 사람들의 이야기, 노래소리로 현장에서 녹음된 소리가 많다. 반면 '비디제시스(non-diegesis)적 사운드'는 스크린 내 공간에서 발생하지 않는 소리로 카메라 반대편에 있을 것 같은 시골 할머니 소리, 친정 가는 새댁의 아기 울음소리, 간식을 파는 아저씨 목소리가 있다. 가끔 기적소리도 들리고 옆 기차가 지나가는 소리를 상상한다. 상상의 소리는 공간의 확장을 의미한다. 공포영화에서처럼 괴물은 보이지 않지만 괴물의 울음소리는 관객을 상상하게 만드는 것으로 연출 방법 중 한 가지다. 대부분 편집과정에서 삽입된 소리로 배경음악이나 효과음이다.

영화의 소리는 사람들의 대사와 효과음, 배경음악으로 구분하기도 한다.

## 대사

영화 속 목소리는 캐릭터를 설명해 주는 요소이기 때문에 시나리오 단계부터 배역을 고르는 데 목소리가 차지하는 비중은 작지 않다. 이렇듯 영화 속에서 캐릭터들이 주고받은 말을 바로 대사라고 하는데, 독백보다는 둘 이상이 서로 주고받는 장면이 많다. 촬영하면서 녹음한 것, 즉 동시녹음 자료를 사용하는 것이 좋겠지만 목소리가 잘 들리지 않거나 톤이 다른 경우나 주변 환경으로 잡음이 섞이는 경우에는 스튜디오 녹음을 한다.

이 경우 우리나라에서는 예산에 맞게 작업하는 경우가 많지만 할리우드에서는 대사까지도 스튜디오에서 녹음을 하는 경우가 많다. 그래서 음질이 또렷하다.

## 효과음

효과음은 여러 가지가 있다. 현장에서 동시녹음을 한 경우도 있지만 현장의 소리를 녹음(Room Tone)해 편집에 사용한다. 촬영영상에 잡음이 있거나 나래이션을 삽입할 때 현장음은 꼭 필요하다. 폴리는 사운드를 만드는 것으로 화면에 맞춰 녹음하는 것이 효과적이다. 현장에서 녹음된 소리를 기본으로 하지만 화면상 움직임만 보이고 소리가 작으면 증폭시켜야 현실감을

영화 〈태극기 휘날리며〉 배경음악 https://youtu.be/7psu1717afY

느낄 수 있다. 예를 들어 파리가 날아가는 소리는 거의 들리지 않기 때문에 효과음을 사용한다. 또 액션영화나 중국영화를 보면 주먹이나 칼 소리는 속도감을 표현한 것으로 과도한 연출이지만 관객은 신경 쓰지 않고 오히려 쾌감을 느낀다. 실생활에서 발자국 소리, 깨지는 소리, 문 여닫는 소리가 영화 속에서 잘 들리는 것도 그 이유다.

## 배경음악

배경음악은 전체적인 분위기를 연출한다. 영화보다 영화음악이 유명한 곡도 많은데, 대표적으로 〈사랑은 비를 타고〉(1952), 〈시네마천국〉(1988), 〈태극기 휘날리며〉(2003), 〈국가대표〉(2009), 〈건축학 개론〉(2012)에 등장하는 음악들은 우리가 잘 알고 있는 음악이다. 공포영화나 심리극, 추리극인 경우 배경음악이 주는 영향력은 크다. 그렇지만 음악이 없는 영화의 경우 연기나 화면의 구도와 배치에 집중을 하기 때문에 본질에 충실할 수 있다. 음악은 상황을 과장시키거나 줄이는 심리적 효과를 나타낸다. 음식의 참맛을 즐기기 위해서 양념을 조율하는 것처럼 배경음악을 선택하고 조정하는 것도 연출기법이다. 그러다 보니 감독에 따라서는 배경음악을 삽입하지 않는 경우도 있다. 다큐멘터리나 사실주의 영화의 경우도 음악을 사용하지 않거나 최소화한다.

반면 소리를 활용하는 경우도 있다. 애니메이션 〈톰과 제리〉(https://youtu.be/wO9jRWfC900), 〈라바〉(https://youtu.be/t5nQLyoPB54)의 경우 감정이나 상황을 모두 배경음악과 효과음으로 표현하고 있다. 대화가 없어도 충분히 감정을 전달할 수 있기 때문이다.

소리는 만드는 것도 중요하지만 듣는 것도 중요하다. 영화 사운드는 만드는 사람과 듣는 사람 사이에서 소통의 도구로 사용된다. 사람들이 서로 침묵을 하는 장면은 아무것도 하지 않는 것이 아니라 불편한 관계를 설명하거나 나름대로 의미를 전달하는 상황이다. 또 신나는 음악이 나오면 관객도 함께 기분이 좋아진다. 소리가 사람들 사이를 얼마나 친숙하게 만들어 줄 수 있는가가 관건이다.

더생각해보기

- 소리의 종류는 여러 가지다. 실내에서 나는 소리도 있고 밖에서 나는 자연의 소리도 있고 계절마다 장소마다 다양한 소리를 찾을 수 있다. 나의 감정이나 느낌을 소리로 표현해 보자.
- 상황을 연출하거나 도구를 이용해서 소리를 만드는 방법도 있다. 소리를 녹음해서 발표해 보자. 다른 사람들은 녹음된 소리를 어떻게 해석하는가? 듣는 사람의 상황에 따라서 해석이 달라질 수 있다.

# 10 사운드 기법

**커피를 마시면서 듣고 싶은 음악은?**
① 신나는 댄스곡　　② 클래식 음악
③ 사물놀이　　　　④ 힙합

커피 마시는 시간을 휴식시간으로 생각을 한다면 빠른 음악보다는 여유로운 클래식 음악이 어울릴 것이다. 비오는 날이나 늦은 밤 시간이라면 쉼과 연결된 음악이 어울릴 것이다. 야구장이나 행사장에서 음악을 들으면 어떤 분위기인지 떠올릴 수 있다. 이렇듯 감독은 사운드를 활용해서 다양한 장면을 연출한다. 사운드로 연출할 수 있는 것들은 다음과 같다.

### 주인공의 감정을 표현한다

우울한 상황에서 밝은 장면으로 씬이 바뀔 때는 빠른 음악을 사용해서 분위기를 살린다. 예를 들어 시험에 떨어졌지만 놀이공원 아르바이트를 해야 할때 신나는 곡을 사용한다. 프러포즈에서 거절당했을 때는 발라드 곡에서 우울한 느낌의 느린 곡으로 바뀐다.

## 연주가 배경음악이 된다

〈주홍글씨〉(2004)(https://youtu.be/tupmM4mRa6Y)에서는 음악으로 감정이나 장면을 전환하는 데 사운드 기법을 사용했다. 이 영화에서는 콩쿠르대회의 피아노 소리가 배경음악으로 바뀌고, 〈지옥의 묵시록〉(1979)(https://tv.kakao.com/v/34629334)에서는 헬기에서 나오는 음악이 배경음악으로 바뀌고, 〈님은 먼곳에〉(2008)(https://youtu.be/p3y4LKoQ2is)에서는 헬기에서 부르는 노래가 배경으로 바뀐다.

이와는 반대로 배경음악이 실제 공연으로 바뀌는 장면도 있다. 〈보헤미안랩소디〉(2018) 중 팀 전체가 미국 투어를 떠나는 장면에서 고속도로의 배경음악이 실제 공연장 음악으로 바뀐다.

또 음악을 활용한 교차편집은 배경음악과 공연음악을 교차하며 보여 주는 기법이다. 〈보헤미안랩소디〉(2018)에서는 'We Will Rock You'의 녹음실과 공연장을 번갈아 가면서 보여 주기 때문에 음악이 화면전환 효과로도 사용된다. 또 아침시간 잔잔한 음악이 들리면 배경음악으로 생각할 수 있지만 주인공이 오디오를 줄이면 음악이 줄어드는 경우도 있다.

## 사운드의 선행은 집중하게 만든다

영화관의 불이 꺼지고 사운드가 먼저 나오면 어떤 소리인지 귀를 기울이면서 집중을 한다. 영화 중간에 나오는 것은 장면전환 기법으로 미리 예고를 하는 장면으로 상상을 자극하는 기법이다.(https://goo.gl/tGJ4G5)

## 소리를 통해 은유적으로 표현한다

아픈 장면이나 생각하는 장면도 모두 화면과 소리로 표현해야 한다. "나 머리아파."라는 직접적인 표현보다 머리를 잡고 인상을 찌푸리면서 딱따구리 소리를 함께 보여 주는 것이 효과적이다. 화가 났을 때 감정을 그릇을 던져 깨지는 소리로, 여름 부채질을 하는 장면에서 매미울음 소리는 더위를 비유한 것이다.

## 소리에는 청점이 있다

화면에 시점이 있다면 소리에는 청점이 있다. 시점은 주인공의 시선으로 보는 장면으로 길을 걸어갈 때 땅이 움직이는 장면처럼 촬영한 것이고, 청점은 주인공의 귀로 들리는 소리를 관객도 주인공의 입장에서 듣는 것이다. 물속에서 수영할 때 물속에서 들리는 소리, 전화통화 소리가 그것이다. 이 방법들은 모두 주인공의 감정을 이입할 수 있게 한다.

## 소리는 고정관념을 가지게 한다

초인종 소리는 모두가 알고 있는 소리다. 기기마다 조금씩 차이는 있겠지만 '땡동'으로 통한다. 엘리베이터 소리도 마찬가지다. 또 학교 시작시간과 끝나는 시간을 알리는 차임벨 소리에 따라서 행동한다. 지하철 소리나 신호등 소리는 가르쳐 준 것이 아니라 우리가 학습한 결과에 맞춰 일상생활을 하고 있다.

## 소리는 사람을 통제한다

TV 리모컨이 처음 등장하던 시절 광고에서는 리모컨을 실감나게 홍보하기 위해 레이저가 켜지면서 삐 소리가 나는 장면을 연출했다. 사실 레이저가 켜지는 것과 삐 소리는 연관이 없다. 그렇지만 이후로 레이저 소리는 삐~ 소리로 인식되었다. SF영화 중 공룡 울음소리, 광선검 소리, 우주선이 나는 소리, 전파 시그널처럼 자주 접하지만 아직까지는 진짜가 아니라 영화 속의 장면일 뿐이다. 사운드 디자이너가 만든 소리지만 이미 일반화가 된 소리로 정착되었기 때문에 다른 소리를 사용하게 되면 사람들이 적응하지 못한다.

더생각해보기

- 소리는 한 가지만 있는 것이 아니라 복합적으로 존재한다. 영화의 한 장면을 보고 대사, 효과음, 배경음악으로 나누어 보자.
- 소리가 없는 한 장면을 주고 대사, 효과음, 배경음악을 만들어서 영화에 어울리는 장면을 만들어 보자.
- 알고 있는 영화나 평소에 익숙한 장면이라면 사운드를 쉽게 배치하거나 상상할 수 있지만 새로운 상황이거나 SF영화는 사정이 다르다. 상황에 어울리는 소리를 만들어 보자.

주인공은 지금 방안에 누워 있다. 밖은 어디일까?

① 바닷가　　② 한옥마을
③ 산속 외딴집　　④ 주막

　　모두가 정답이다. 사운드만으로도 공간이나 시간을 연출할 수 있다. 영화에서 사운드는 영상을 보완하거나 어울리는 조합으로 자연스러움을 강조했지만 이 장에서는 독립된 소리가 영상을 이끌어 낼 수 있다는 것을 소개한다. 사운드는 영상에 비해서 상상력을 자극하기 때문에 정서적인 의미와 내러티브를 확장할 수 있다.

### 장소를 알 수 있다

　　뱃고동 소리는 가까운 곳에 항구가 있다는 것을, 기차 소리는 철길이 가까이 있다는 것을, 자동차 소리는 근처에 도로가 있다는 것을 알려준다. 군가는 군부대임을, 소와 송아지, 닭, 돼지같은 동물소리는 농촌마을임을 알려준다. 밖에서 흥정하는 소리가 들린다면 시장 근처라는 것을 알려준다.

### 상황을 알 수 있다

대포 소리나 총소리는 전쟁이 일어났다는 신호다. 최루탄 소리는 밖에서 시위가 한창인 것을 알리고 70년대 기타 소리가 정겹게 들리면 학생들이 단체로 여행을 온 것이다. 호루라기 소리는 위험을 알리거나 경찰관이 범인을 쫓을 때 사용된다.

### 시선을 이끌어 낸다

밖에서 사람들 소리가 나면서 들리는 대사 "이쪽 방입니다. 들어가시죠." 하는 말을 들으면 관객들은 일제히 문 쪽을 바라보며 문이 열리기를 기다리며 누가 들어올지 궁금해 한다. "모조리 수색해!"라는 대사도 마찬가지다. "어디다 숨겼어?"라는 말이 들린다면 이불이나 장롱을 보며 물건을 상상을 한다.

### 지역을 나타낸다

밖에서 전라도 사투리가 나온다면 서울에서 멀리 떨어진 지방으로 생각한다. 중국어가 들리면 중국을, 일본어를 삽입하면 일본을 생각한다.

### 시대를 표현한다

"이리 오너라!", "마님", "대감" 등은 사극의 대사이며, 말 달리는 소리나 마차 소리도 과거를 나타낸다. 새마을 운동 노래나 국기 하강식에서 울려퍼지던 노래도 70년대를 설명한다.

## 시간을 알 수 있다

교회의 종소리, 성당의 종소리, 사찰의 종소리는 모두 기도시간을 알리는 소리다. 조선시대 인경의 종소리는 통금시간을 알리는 소리로 사용되었으며, 사이렌 소리도 야간 통행금지 시간을 알리는 시절이 있었다. 늦은 밤 개 짖는 소리, 닭울음 소리, 신문배달 소리, 찹쌀떡 소리는 모두 시간과 관계가 있다.

## 정지된 장면을 표현한다

침묵이 흐르는 가운데 싱크대에서 물이 한 방울씩 떨어지는 소리, 괘종 시계의 초침 소리, 차 안의 움직이는 모빌은 모두 정지화면을 상징하는 장면이다.

## 계절을 표현한다

제비, 귀뚜라미, 기러기, 매미 등의 곤충 울음소리, 칼바람 소리, 계곡 물 흐르는 소리, 시냇물 소리, 천둥 번개나 소나기 소리 등은 모두 계절과 연관이 있는 소리다. 밖에서 들리는 사람들의 이야기도 가능하다.

## 상황을 반전시킨다

위엄 있는 왕이 갑자기 내시 목소리를 낸다면 정통사극이 코미디로 바뀌는 것이다. 코믹영화의 경우도 실제 악기나 총에서 장난감 소리가 들리거나 멋진 숙녀가 등장하는 장면에서 방귀 소리를 의도적으로 삽입한다. 실제와 다른 소리를 만들어서 코믹한 상황을 만드는 것도 반전효과를 노린 것이다. 음악에서 사용된 대위법은 영화에서도 사용된다. 화면과 사운드가 서로 불 협화음이 되도록 상황을 조성하는 것으로 공포영화의 배경음악에 클래식이 사용되는 경우다. 화면과 다른 상황을 연출하는 것으로 사운드가 화면에 어울리지 않고 다른 독립된 상황을 표현함으로써 복합적인 상황과 아이러니를 만들어 낸다. 액션 장면에서 천천히 움직이는 모습과 같은 상황이다.

소리로 장면을 연출하는 것은 기호학으로 설명할 수 있다. 기호학은 영상뿐만 아니라 소리를 기호로 사용함으로써 상황을 연결하거나 해석하고 이야기를 만들어 낸다.


### 더생각해보기

짧은 시간이라도 침묵은 긴장감을 고조시키며 여러 가지 생각을 한다. 다음 사운드가 침묵과 결합하게 된다면 어떤 상황이 벌어질지 상상해 보자.

- 구두 소리
- 물 떨어지는 소리
- 피아노 치는 소리
- 자동차 브레이크 소리
- 방문 여는 소리
- 비명 소리

# 12 소리 만들기

영화에 삽입된 소리는 대부분 만들어진 소리다. 자연 다큐멘터리에서도 일부는 소리를 만들어 삽입한다. SF 영화는 가상세계, 미래를 다루기 때문에 대사를 제외하고는 모두 만든 소리다. 심지어 대사도 기계음을 넣거나 인위적으로 합성하는 경우가 많다.

영화를 자주 접하게 되는 현대사회에서 많은 사람들은 광선검이나 공룡의 울음소리를 정해진 소리로 인식을 하고 있다. 혹시 몇 년 후에 광선검이 만들어진다면 위 영화에서 들어 본 광선검 소리가 진짜로 삽입될 가능성이 높다.

사운드는 처음에는 화면을 보조하는 수단이었지만 시간이 지나면서 화면 없이도 독립적으로 사용되거나 화면이 사운드를 보조하는 장면 또 상황을 이끌어 가는 장면도 등장한다. 또 배경음악이 유명해지면서 영화가 뜨는 경우도 있다. 화면의 완성도를 높이기 위해서 카메라와 더불어 조명, 미술 영역이 있는 것처럼 사운드 영역도 음악, 동시녹음, 사운드 디자인으로 세분화되고 있다.

## 소리를 만드는 사람들

영화 음악감독은 말 그대로 영화 속 음악과 관련된 일을 한다. 시나리오를 보고 결정을 하는데 극중 캐릭터나 시대적 배경, 이야기의 흐름에 따라서 사용되는 악기 속도조절 분위기를 조정한다. 영화에 어울리는 배경음악을 선곡하거나 직접 작곡을 해서 삽입을 한다.

동시녹음 기사는 현장에서 직접 녹음을 담당하는 사람이다. 촬영장에서 만날 수 있는 사람으로 붐마이크와 헤드셋을 끼고 소리를 녹음하는 사람이 한 팀이 되어서 작업을 한다. 붐마이크의 방향이나 위치에 따라서 목소리나 현장의 소리가 달라질 수 있으며 소리를 구분하는 능력이 중요하다. 자료는 편집의 원 재료로 사용된다. 이밖에 현장 음이나 효과음을 녹음하는 역할도 한다.

사운드 디자이너는 영화 속 사운드를 진짜처럼 느끼게 하는 역할을 한다. 사실보다 더 사실같이 느끼게 하는 작업으로 기존의 소리를 조합하거나 다시 만드는 디자이너를 말한다. 소리를 만드는 방법으로 도구를 사용하거나 소리를 믹싱하는 것, 직접 녹음을 하는 방법 등 다양하다.

사운드와 관련된 각각의 전문영역은 직업으로 이어진다. 이들은 각자의 독립적인 전문성을 가지고 있지만 영화의 완성도를 높이는 것이 공동의 목표다. 영화뿐만 아니라 일상생활에서도 사운드는 빛과 더불어 기기의 작동 유무를 판단하는 기준으로 시작되었다.

## 다양한 소리들

컴퓨터 전원을 켠 다음 삐 소리가 들리면 정상적으로 작동되는 것으로 생각한다. 집안에서 소리나는 전자제품을 찾아보자. 전화기, 텔레비전, 밥솥, 전자레인지, 세탁기, 가습기, 선풍기, 스탠드, 에어컨 종류도 많다. 모든 전자제품에 소리가 입력되어 있고 들리는 소리에 익숙하다. 하지만 다른 소리가 들리면 금세 알아챈다.

자동차에도 인위적인 소리가 있다. 내비게이션, 계기판, 하이패스 단말기, 조작 버튼 소리는 사람들이 알 수 있도록 설계된 것이다. 집 밖을 나서면 엘리베이터나 지하철 게이트, 횡단보도 신호등, 편의점 바코드 리더기, 계산기에서도 소리를 들을 수 있다.

이런 소리들이 점차 변하고 있다. 기술이 발전하면서 새로운 기기가 개발되고 접근성을 높이고 감성을 자극하기 위해서 사운드에 대한 연구도 함께 이루어지고 있다.


## 사운드의 미래

최근 일상생활과 밀접한 생활 가전제품들에서 음성이 지원되는 기능들이 추가되고 있다. 기기의 작동음인 삐~ 소리를 멜로디나 아날로그 사운드, 음성합성 시스템 TTS(Text to Speech)으로 업그레이드하는 경우에도 사운드가 필요하다. 특히 스마트폰의 경우 개인이 사운드를 설정하는 맞춤형 시스템이기 때문에 수십에서 수백 가지 사운드가 내장되어 있다. 또 게임 속 사운드나 인공지능처럼 뉴미디어에서 필요한 소리는 모두 개발해야 한다. 사용자의 편의와 마케팅을 위해서라면 개발단계부터 사운드 전문가가 필요하며 또 기존의 기기를 업그레이드하는 경우도 마찬가지다.

새로운 기기가 만들어질수록 사운드 영역은 넓어지고 있다. 지금까지 사운드 분야는 영상을 보완하거나 기기의 이상 유무와 조작하는 수준이었지만 앞으로 독립적인 영역으로 확대되면서 감성을 자극하는 사운드 전문가를 필요로 하고 있다. 이처럼 사운드는 기기와 인간을 연결하는 커뮤니케이션으로 발전하고 있다. 그렇다고 볼 때 사운드에 흥미가 있거나 새로운 일에 도전하고 싶은 사람은 사운드 디자인에 관심을 가져 볼 만하다.

더생각해보기

- 몸이나 생활도구를 이용해서 소리를 만들 수 있다. 간단한 영상을 보여 주고 어울리는 소리를 만들어 보자.
- 자전거나 가방처럼 자주 사용하는 사물에 소리를 입힌다면 어떤 소리가 어울릴지 상상해 보자.

# 3

# 영화 밖에서

길거리 CCTV 영상을 극장에서 보여 준다면 어떻게 하겠는가?
① 진짜일까?  ② 무슨 일이 벌어진 건가?  ③ 보러 가야지.

최초의 영화는 열차가 도착하는 장면을 그대로 찍은 것으로 뤼미에르(Les frères Lumière) 형제로부터 시작되었다. 프랑스의 어느 카페에서 사람들에게 상영되었다. 처음에는 모두 신기하고 재미있는 오락거리로 생각했다.

일상에서 일어나는 일을 단순하게 찍고 돌려보고 하는 오락 수준의 영상을 예술로 승격시킨 사람은 이탈리아 영화평론가 리치오토카느도(Ricciotto Canudo)였다. 그는 영화를 연극, 회화, 무용, 건축, 문학, 음악 다음에 등장한 제7의 예술로 선언(1911)한 것으로 유명하다. 리치오토카느도 이전의 영화를 고전영화로 보았다면 1910년대부터 60년대까지는 형식주의와 리얼리즘으로 대립하면서 영화가 발전한다.

## 형식주의

형식주의 영화는 내면보다 예술적 형식과 스타일을 강조하여 감독이 카메라로 표현한 예술이다. 사물이나 환경을 카메라 프레임을 통해서 크기, 각도다양하게 표현한다. 우리의 눈과는 다르게 현실세계를 그대로 그리는 것이아니라 편집과 재구성을 통해서 감독 나름대로 작품을 완성하는 것이다. 러시아 몽타주 이론가 에이젠쉬타인은 영화 속에서 시간과 공간의 일정한 규칙을 따르지 않고 내용을 재구성함으로써 편집을 영화에 도입하였다.

## 사실주의

사실주의는 사실을 재현하려는 예술이다. 문학과 예술에서 사용된 용어가영화에도 적용된 것이다. 사실주의 영화는 있는 것을 미화하거나 조작하는것을 피하고 직접적이고 단순화시킨다. 감독은 카메라 조작을 어떻게 할까를 고민하기보다는 무엇을 보여 줄 것인가를 고민한다. 카메라 프레임도 롱테이크와 풀샷처럼 객관적인 장면을 보여 주며 시간과 공간의 연속성을 추구한다. 가능하면 편집을 줄이거나 인위적인 연출을 배제하고 자연스러운장면을 구성한 영화로 이탈리아의 네오리얼리즘이 대표적이다.

## 표현주의

표현주의는 자연주의의 반대 개념으로 주관적인 해석이 강조된다. 제1차세계 대전에서 패배한 독일에서 시작된 표현주의 영화는 객관적인 사실보다내면의 주관적인 감정이나 느낌을 표현한다. 인간 내면에 잠재되어 있는 공포와 불안, 증오 등 심리적인 부분에 초점을 맞춤으로서 회화적인 성격이 강하다.

독일 표현주의 영화의 효시이자 대표작 중 하나인 〈칼리가리 박사의 밀

영화 〈칼리가리 박사의 밀실〉 http://bitly.kr/v6hpl

실〉(1919)은 과장된 연기, 조명, 추상적인 공간을 배치하였으며, 마지막 장면에서는 이야기를 반전시킴으로써 또 한 번 관객을 혼란스럽게 한다.

### 네오리얼리즘

네오리얼리즘은 1930년대 이탈리아에서 시작되었다. 제2차 세계 대전 이후 빈곤과 기아 그리고 실업을 표현한 영화들이다. 야외촬영 장면이 많고 평범한 인물들이 주인공으로 등장하며, 서민적이고 사실적인 내용을 그리고 있다.

### 촬영기법면에서 사실주의와 형식주의의 차이

촬영기법이나 내용 면에서도 사실주의 영화와 형식주의 영화는 차이가 있다. 사실주의는 롱테이크 기법과 아이레벨 그리고 절제된 표현을 사용한다. 또 배경음악이나 효과음, 특수효과를 거의 사용하지 않으며, 현실 이야기를 소재로 한 다큐멘터리나 자연스러움을 강조하는 성장영화, 가족영화 형태를 띤다.

반면 형식주의는 빠른 속도감과 카메라 앵글을 조장한다. 의도적 편집을 강조함으로써 상상으로 만들기 때문에 상업영화에서 자주 사용하는 기법이며 액션이나 스릴러 영화가 많다.

영화 속 이야기는 일상에서 일어난 것처럼 보이지만 화면에서 일어나는 이야기다. 있는 그대로 표현하는 현실과 상상만으로 표현하는 허구의 중간 지점에서 영화는 만들어진다. 그러다 보니 한 번쯤 경험해 본 것 같은 장면들이 등장한다. 영화는 현실과 허구 모두를 보여 주고 있지만 어느 쪽에 더 비중을 두는가에 따라서 구분되는데, 결국 사실주의와 형식주의는 상대적인 개념으로 이해할 수 있다.

더생각해보기

- 학교나 마을의 CCTV 영상을 영화로 만든다면 어떤 이야기가 나올까?
- CCTV를 직접 열람하는 것은 어렵지만 재미있는 소재를 찾을 수 있다. 학교 카메라는 어디에 몇 개나 있는지 확인해 보고 가까이서 벌어지는 일을 상상해 보며 마을 카메라의 위치도 확인해 보자.

## 02 전환점의 영화들

**사운드가 없던 시절, 영화배우의 조건이 아닌 것은?**

① 이상적인 몸매          ② 개성 있는 얼굴

③ 연기력               ④ 목소리가 좋은 사람

### 무성영화에서 유성영화로

사운드가 없던 시절의 영화, 즉 초창기 영화는 소리가 없는 무성영화였다. 그러므로 당연히 목소리가 좋은 사람은 영화배우의 조건이 아니었다. 내용 전달도 자막을 사용했기 때문에 화면에 보이는 모습만 중요하던 시절이 있었다.

1920년대에 라디오가 상용화되면서 영화산업은 큰 타격을 입었다. 영화관에는 소리를 넣기 위해 이야기를 해 주는 변사가 등장했고, 음악을 연주하는 오케스트라도 도입되었다. 여기에 많은 경비가 지불되었다. 이런 어려운 상황을 극복하기 위해 워너브러더스사가 유성영화를 제작했다. 최초의 유성영

영화 〈재즈싱어〉 https://youtu.be/UYOY8dkhTpU

화인 〈재즈싱어〉(1927)였다.

영화 속 자막은 기존 방식대로 사용되었지만 일부분에 배우의 대사를 넣었으며 노래하는 모습은 사전 녹음된 음악으로 스피커를 통해 흘러나왔다. 영화를 목적으로 대사와 영화음악이 처음 시도된 것이다. 관객들은 영화를 처음 봤을 때처럼 흥분을 감추지 못했지만 영화시장에서는 여러 가지 고민이 생겨났다.

먼저 기술적 환경 문제였다. 지금까지 제작 과정에서 사운드를 사용하지 않았기 때문에 전문가도 없었고 장비도 부족했다. 극장도 사운드 시설이 없었고 시설 투자가 이루어지더라도 수익성과 타당성에 대한 우려가 있었다. 또 사운드에 관한 특허도 해결해야 될 문제였다.

연기 환경도 달라졌다. 배우들도 낯선 환경에 적응하기 위한 시간이 필요했고, 적응하지 못하면 퇴출될 위기에 놓였다. 지금까지는 표정 연기만으로도 배우가 되었지만 연기자의 목소리와 언어 구사 능력이 연기력에 중요한 요소가 되었다.

영화사 입장에서도 변화가 필요했다. 언어를 이해하지 못하는 관객은 영화관을 찾지 않았고, 이것은 영화관의 매출과 직결되기 때문이었다. 그러므로 진행 중이거나 계획 중인 무성영화를 계속 제작할 것인가, 중단할 것인가는 큰 고민거리 중 하나였다.

영화의 미학적 손실도 일어났다. 기존 화면 중심의 영상이 플롯과 연기로 옮겨 가면서 예술적인 모습이 줄었고, 녹음을 위해서는 가까이에서 촬영했기 때문에 통조림 연극이라는 비판을 받기도 했다.

그렇지만 전체적으로 많은 변화가 일어나면서 영화산업이 발전하게 된 계기가 되었다. 배우들의 성격이나 목소리 언어가 생동감 있게 전달되면서 세대교체가 자연스럽게 일어났다. 사운드는 화면을 보완하는 단순한 기능이 아니라 새로운 창조적인 활동으로 재해석하게 되었고, 녹음기술의 발전으로 팀 작업이 진행되면서 새로운 직업이 생겨났고 투자도 확대되었다. 영화를 위한 음악이 탄생한 것도 이러한 이유다.

## 현대의 영화

〈아바타〉(2009)의 경우 국내에서 천만관객을 돌파한 영화로 많은 주목을 받았다. 영화 〈아바타〉 하면 떠오르는 것은 주인공 샘워싱턴이 아닌 아바타 캐릭터와 CG다.

제작방법으로는 이모션 캡처(emotion capture) 방식을 사용했다. 배우들이 카메라를 쓰고 연기를 하는 장면이 그대로 CG화 하는 기술로 화면 속 캐릭터들이 실제 사람의 모습처럼 표정과 근육의 움직임을 표현함으로써 생명체를 보는 듯한 착각을 일으켰다. 실제 연기한 배우보다 CG가 더 기억에 남기 때문에 앞으로는 유명 배우의 연기력보다는 동작을 잘 표현하는 연기자나 캐릭터가 더 주목받게 될지도 모른다.

영화 〈아바타〉 https://goo.gl/iyKEuS

　　영화관의 환경도 달라졌다. 영화 아바타는 3D영화를 대중화하는 데 선구적인 역할을 했다. 이전에도 3D영화가 있었지만 기술적으로 부족한 부분이 많았기 때문에 호응을 얻지 못했으나 〈아바타〉가 흥행에 성공하면서 3D영화도 함께 주목받게 되었다. 3D 영화는 기존 2차원 평면 스크린 방식에서 3차원 입체감을 구현하는 방식으로 제작 시스템부터 상영까지 많은 시설과 예산이 필요하기 때문에 환경을 바꾸는 것이 쉽지 않은 것이 사실이다.

　　그러나 디지털 기술이 발전하면서 시청각에 새로운 감각을 추가한 4D 영화관, 상영관 정면과 좌우 벽면까지 3면을 스크린으로 꾸민 스크린X 영화관, 멀티 플렉스 크기의 스크린과 고해상도 레이저 영사기가 도입된 IMAX 레이저관 , 4DX의 모션·환경 효과와 스크린X의 시각적 몰입감을 결합한 4DX with screens관 등 다양한 영화관들이 생기면서 관객의 선택권이 확대되고 있다.

## 미래 영화관의 모습은?

〈레디 플레이어원〉(2018)의 경우 VR을 활용한 가상의 공간에서 영화가 시작된다. 〈퍼시픽 림〉(2018)은 로봇을 조종할 때 기기를 활용하지 않고 자신의 신경과 로봇을 서로 연결시켜 감각을 이용해서 작동시킨다. 영화 속 이야기는 현재의 기술력으로도 가능하기 때문에 아이맥스나 구글에서는 VR영화관을 준비하고 있다.

영화는 시각적인 매체로 출발했으나 청각을 더했고 특수효과가 결합되면서 다양한 감각과 결합하고 있다. 영화 제작과 감상 시스템의 다음 단계는 개인별 맞춤형 감각 시스템이 구축될 것이다. 그렇다면 장애를 가지고 있는 사람들이 영화를 볼 때, 노인들이 영화를 보기 위한 시스템은 어떻게 될지 궁금하다.

# 03 나라별 영화

기분이 우울할 때 보고 싶은 영화는?

① 신나는 인도영화　　② 감성의 일본영화

③ 첫사랑의 대만영화　　④ 블록버스터 중국영화

사람마다 영화를 보는 이유는 다 다르다. 우울할 때는 대체로 신나는 영화를 선택하지만 모두 다 그런 것은 아니다. 그 사람이 살아온 환경이나 문화에 따라서 차이가 있다. 우리가 잘 알고 있다고 생각하는 일본, 중국, 인도 영화들. 이런 영화들을 극장에서 본 기억은 많지 않겠지만 이들의 숨은 매력을 한번 빠져 보자.

### 인도영화는 신난다

인도영화의 또 다른 이름은 '발리우드'. 인도 뭄바이(옛이름 : 봄베이)와 할리우드의 합성어로 인도의 영화산업을 뜻한다. 인도 인구는 12억 명으로 중국 다음이며 여러 인종으로 구성되어 있고 문화도 다양하다. 한 해 동안 천여 편의 영화가 제작되는 영화 강국이지만 할리우드 영화가 쉽게 접근하지 못하는 가장 큰 이유는 공용어만 해도 18개이며 방언까지 합하면 3,000여개 언어로 작업을 해야 하기 때문이다.

인도영화에는 맛살라(Masala)라는 춤과 노래가 있다. 맛살라는 원래 인도 요리에 들어가는 혼합 향신료이지만 영화의 장르처럼 인식되고 있고 대부분의 영화 중간 중간에 양념처럼 쓰이면서 볼거리를 제공한다. 맛살라는 극적인 장면이나 감정 표현과 승화 등 서사구조를 쉽게 설명하기 때문에 지방의 언어나 문화 차이를 극복하는 데 도움이 된다.

인도 사람들은 온가족이 함께 영화를 본다. 매체 환경이 부족하고 여가문화가 발달하지 않았기 때문에 영화가 가족의 문화생활에서 차지하는 비중이 높다. 보통 상영시간이 2시간에 넘는 경우가 많아서 중간 휴식시간도 있다. 또 성적인 표현엔 조심스러우며 해피엔딩이나 권선징악, 교훈적인 내용이 많아서 우리의 정서적인 부분과 닮았다.

## 일본영화는 감성적이다

영화시장의 규모는 우리와 비슷하지만 인구나 경제력을 고려한다면 영화가 차지하는 비중은 높지 않다. 대신 게임이나 애니메이션, TV가 여가생활을 차지하고 있다. 우리나라와 미국처럼 블록버스터나 반응이 좋은 영화가 2주 넘게 상영하는 경우는 드물지만 일본영화는 1년 넘게 상영하는 경우가 종종 있다. 특히 〈센과 치히로의 행방불명〉(2001)은 453일 동안 스크린을 유지한 적도 있다.

일본영화는 만화, 애니메이션, 소설 중에서 성공한 작품을 영화로 제작하는 경우가 많기 때문에 실패할 확률도 적다. 스토리 구성에서는 인간 내면과 심리적인 부분을 디테일하게 묘사하며 소재는 가족 이야기, 사랑 직업정신처럼 일상생활과 관련된 부분이 많기 때문에 극적인 결말이나 갈등을 찾기가 어렵다.

## 중국영화는 다양하다

중국영화의 한 축인 홍콩영화는 80년대 아시아 영화의 견인차 역할을 했다. 당시 영국의 지배 하에 있던 홍콩은 영국 유학파를 주축으로 하여 액션과 코믹 영화가 만들어졌고 당시 유명 홍콩 배우인 성룡, 주윤발, 유덕화, 장국영, 왕조현 등은 아시아 광고시장까지 영향력을 넓혔다. 그러나 기존의 모습에서 정체되어 90년대 불황이 시작되면서 막을 내렸다.

중국은 자국 영화를 육성하고 할리우드에 대항하기 위해 많은 노력을 하고 있다. 과거 사회주의 의식을 강조하는 주선율 영화를 선전도구로 사용하였지만 90년대 이후 유명 감독과 배우가 참가하고 소재와 재미를 추구하는 블록버스터 형태의 영화가 만들어지면서 관객들로부터 좋은 반응을 얻고 있다. 하지만 독립영화나 표현의 자유, 예술적 가치를 표현하는 데는 어려움이 있다.

최근 대만영화는 우리나라에서 청춘 로맨스를 대표하고 있다. 그 이유는 사춘기의 고민이나 교복에 대한 정서적 감성이 우리와 닮아 있어서 청소년과 젊은 층에게 관심을 받고 있다. 최근 복고풍에 대한 열기로 음악이나 드라마에 대한 수요가 늘고 있으나 영화에서는 아직 이렇다 할 작품이 없고, 10대나 20대를 타깃으로 하는 영화가 적기 때문에 대만영화가 빈 자리를 차지하고 있다.

할리우드 영화를 제외하고 극장에서 외국영화를 만나는 건 쉽지 않다. 할리우영화가 미국을 대표하는 것보다는 상업영화를 대표한다는 표현이 더 적절하다. 영화는 그 시대나 국가의 문화코드가 살아 있다. 기회가 되면 외국 영화를 접하는 것이 세계관을 넓혀 가는 데도 많은 도움이 될 것이다. 우리나라 영화도 외국으로 수출되고 있는데, 어떤 점이 긍정적으로 평가되고 있는지 생각해 보자.

# 04 영화관에 딴지 걸기

**영화관에서 꼭 봐야 하는 영상이다. 어떤 내용일까?**

①타이어 광고        ②비상시 대피로 안내영상

　영화관이 고객의 불만에도 불구하고 광고를 하는 것은 매출과 직결되기 때문이다. 그런데 황금 같은 시간에 비상시 대피로 안내를 하는 것은 어떤 이유일까?

　'다중이용업소의 안전관리에 관한 특별법'에 의해서 의무적으로 피난 안내 영상을 상영하도록 되어 있기 때문이다. 이 영상은 광고인지 안내 영상인지 헷갈린다. 광고영상에 둘러싸여 화면도 절반으로 줄어들고 소리도 중복되는 느낌이어서 중요한 정보가 무엇인지 알 수가 없다. 광고 전달력도 떨어지기 때문에 효과가 있을지 의문이 든다. 한마디로 극장의 안전관리 의무를 광고로 대체하는 느낌이다.

## 영화관 광고는 꼭 필요할까?

그럼에도 불구하고 영화관 광고는 광고주 입장에서 보면 매력 있는 시장이다. 잡지광고는 다음 페이지로 넘기면 되고 TV 광고는 채널을 돌리면 되지만, 영화관 광고는 소비자에게 선택권이 없다. 최고의 사운드와 스크린 환경에서 고객을 모셔 놓고 여유롭게 광고를 할 수 있기 때문이다. 군이 피하고 싶다면 밖에서 대기하다가 들어오면 된다.

국정감사(2017) 자료에 의하면 영화관의 광고수익은 10% 내외다. 티켓 판매는 제작사와 관계, 시즌별 대상별 할인행사 등 여러 가지 고려해야 하지만 광고는 매점 수익과 함께 영화관의 순수 매출이기 때문에 영화관의 입장에서는 '알짜배기' 수입이다.

## 개봉영화를 가까운 극장에서 보기 어려운 이유는?

영화에 관심이 있는 사람들은 한 번쯤 이런 경험을 해 본 적이 있을 것이다. 흥미로운 영화가 개봉되었다는 소식을 듣고 예매 사이트에 접속했는데 정작 우리 동네 영화관에서는 상영하지 않는다는 것을 확인했을 때의 당혹감 같은 것 말이다. 간혹 상영한다고 하더라도 조조이거나 늦은 밤 시간대에 배치되어 있는 경우가 허다하다. 시간적인 여유가 있거나 꼭 봐야 할 이유가 있다면 수고스러워도 보러 가겠지만, 특별한 이유가 없다면 다음으로 미루는 경우가 많다. 이런 배경에는 스크린 독과점이 있다.

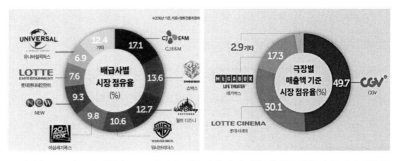

영화진흥위원회에서 발표한 2016년 기준 배급사별 시장 점유별(왼쪽)과 극장별 시장 점유율

　스크린 독과점이란 대기업에서 기획과 제작, 유통의 전 과정을 독점하면서 스크린 점유율을 높이는 것이다. 즉 영화의 수직적인 계열화를 의미한다. 우리나라 미디어 복합기업은 멀티플렉스 3사, 즉 CGV와 롯데시네마, 메가박스의 극장 점유율은 97%에 달한다. 투자사와 배급사 그리고 영화관이 같은 계열사인 경우 독점적 지위를 가지고 있기 때문에 천만 영화를 만드는 것은 어려운 일이 아니다. 제작과 배급이 안정적이기 때문에 영화산업에 기여할 수 있으나 한편으로 독립영화와 예술영화처럼 창작과 다양성을 담보로 한 영화들을 만나기가 어렵다는 문제가 있다.

　2017년 한 해 동안 436편의 영화가 제작되었지만 개봉된 영화는 164편이고 손익분기점을 넘은 영화는 겨우 30%에 불과하다(2017년 영화진흥위원회 결산자료). 이렇다 보니 제작사의 입장에서는 상영의 기회가 점차 줄어들고 투자와 배급에 어려움을 겪는 악순환의 고리가 끊어지지 않고 있다. 이를 해결하기 위해서 미국의 파라마운트 판결(1948)처럼 배급과 상영을 분리하는 방법, 특정 영화가 일정비율을 넘지 않게 규정하는 스크린 상한제, 다양성 영화의 쿼터제 같은 다양한 의견들이 나오고 있다. 그렇지만 다른 영역과의 형평성 문제 그리고 부처 간의 입장 차이, 산업을 정부가 규제한다는 비판에 대한 어려움이 있다.

영화는 사람들의 여가생활을 담당하고 있지만 산업적인 측면도 강하기 때문에 한쪽의 입장만을 대변하기 어렵다. 산업적 측면을 고려할 때는 대기업과 중소기업처럼 영화계가 함께 공존하는 공정경쟁의 논리가 필요하며 소비자의 입장에서는 문화예술의 향유와 선택권을 보장받기 위해서라도 영화 펀드에 참여하기, 독립영화와 예술영화 관람하기처럼 자발적이고 적극적인 활동이 요구된다.

# 05 상업영화의 두 얼굴

**할리우드 영화의 주인공이 아닌 것은?**

① 아이언맨      ② 제임스본드

③ 원더우먼      ④ 스파이더맨      ⑤ 토르

제임스 본드가 주연을 맡아 많은 사람들에게 알려진 영화 〈007〉을 할리우드 영화라고 오해하는 사람들이 적지 않다. 하지만 1962년부터 2015년까지 총 24편이 제작된 이 영화는 〈닥터 후〉와 함께 영국의 대표적인 시리즈물이다.

영화를 이야기할 때 프랑스영화, 일본영화처럼 대개는 나라이름을 붙이지만 '미국영화'라는 말보다 '할리우드 영화'라는 말이 더 많이 사용된다. 왜 그럴까?

### 할리우드 영화의 탄생

영화은 19세기 말 프랑스에서 시작되었고, 미국으로 건너와 더욱 발전되었다. 미국의 작은 도시였던 할리우드가 영화산업의 중심지로 성장한 것은 영화사들이 이곳으로 이주하면서다. 메이저급 영화사들의 독점적 지위와 제재가 심했던 뉴욕에 비해 자연환경도 좋고 임금도 저렴할 뿐만 아니라 공간도 넓고 입지조건이 좋은 자유로운 할리우드는 영화인들에 기회의 땅이었다. 또 토머스 에디슨이 발명한 영사기기 특허 사용료를 지불하기 어려웠던 작은 회사들이 뉴욕에서 할리우드로 이주를 하게 된다. 회사가 이전하면서 배우, 촬영기사, 건축가, 미술가, 디자이너처럼 전문 인력도 일자리를 찾아서 옮기게 되고, 마을 인구가 증가하면서 할리우드는 점차 활기를 띠게 되었다. 당시 토머스 인스(1912)가 야외 세트장인 인스빌(Inceville)을 만들어 작업 과정을 분업화하면서 할리우드 시스템이 본격적으로 시작되었다.

유럽에서 제1, 2차 세계 대전이 일어나는 동안 미국의 영화산업은 호황을 맞이하게 된다. 유럽의 영화인들이 유입되고 할리우드 영화는 경쟁자가 없는 상태에서 전 세계로 확산되면서 대중영화로 자리 잡게 되었다. 이런 배경에는 영화공장으로 불리는 할리우드 제작 시스템이 안정적으로 자리를 잡고 있었기 때문이다. 이는 영화산업의 기초가 되었으며 오늘날까지 이어오고 있다.


### 할리우드 시스템

할리우드 시스템의 가장 큰 특징은 '분업화'다. 제작에 참여한 모두가 전문적인 영역을 가지고 있으면서 철저하게 표준화된 시스템으로 움직인다. 영화를 산업으로 보기 때문에 가능한 일이다. 영화시장 확대를 위해 장르 시스템을 도입한 것이다. 가족영화, 판타지, SF처럼 다양한 영화를 제작하였으며 여기에 시리즈를 만들어서 관객들에게 다음 작품에 대한 기대효과도 노리고 있다.

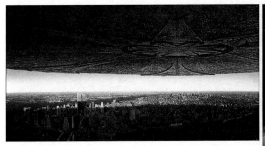

미국 대통령이 우주인 침공으로부터 지구를 구한다는 내
용의 〈인디펜던스 데이〉

또 다른 할리우드의 특징은 스타 시스템이다. 인지도 있는 배우들을 전면
에 배치함으로써 영화에 대한 기대감과 티켓 파워를 실감하게 한다. 영화 제
작은 많은 돈을 투자하지만 영화는 일종의 모험이기 때문에 실패할 확률을
최소화하기 위해서 주인공을 캐스팅하면서 주인공에 대한 이미지도 함께 고
려한다.

### 할리우드 영화의 세계화

할리우드는 블록버스터 영화를 주로 제작한다. 블록버스터는 영국의 블록
버스터라는 폭탄 이름에서 유래되었는데, TV가 보급되던 시절 영화계는 새
로운 돌파구를 마련하기 위해 많은 예산을 투자한 영화를 제작하게 된 것이
다. 이런 영화는 방송에서 제작이 어려운 영화로, 지금도 많은 시리즈물이
블록버스터 형태로 만들어지고 있다. 또 여러 극장 동시 개봉은 다양하고
집중적인 홍보 전략 중 하나다. 블록버스터 영화에는 주로 SF나 슈퍼 히어
로가 등장하며 쉬운 스토리 구조를 가지고 있다. 액션이나 폭발 장면이 종종
등장하며 관람 범위를 넓히기 위해 윤리적이거나 성적인 장면은 가능하면
피한다.

오늘날 할리우드의 영화는 오락산업으로 인식되면서 전 세계로 공급되고 있다. 국가 간의 경계가 약화되고 인터넷이 발달하면서 미국과 동시에 개봉되는 경우도 많아졌다. 그러나 가만히 들여다보면 SF영화의 중심에는 항상 미국 대통령이 세계를 지휘하며 책임감이 강하다.

## 할리우드 영화와 미국 중심의 사고

할리우드 영화의 줄거리는 복잡하지 않고 정의가 이긴다는 단순한 논리구조다. 여기에 식민지 시대 개척자 정신이 포함되어 있다. 특히 성조기는 히어로가 등장하는 영화의 경우 배경이나 소품 중 단골 메뉴다. 세계의 주요한 문제를 해결하고 세계평화를 유지하는 데 미국은 영화 속에서 꼭 필요한 존재로 묘사된다.

영화는 사고력을 확장하고 다양한 문화를 접할 수 있는 기회를 제공하는 미디어지만 앞에서 언급한 할리우드식 영화는 미국 중심의 사고와 문화를 정당화시킬 수 있는 위험성이 있기 때문에 눈여겨볼 필요가 있다.

더생각해보기

- 미국 중심의 사고와 문화를 정당화시킨 영화들에는 무엇이 있는지 생각해 보자.

# 06 영화는 어디에서 출발하는가?

**다음 중 영화를 제작할 때 가장 먼저 필요한 것은?**
① 시나리오　　　② 트리트먼트
③ 콘티　　　　　④ 아이디어

　　얼마 전 이삿짐을 정리하다가 초임 시절에 쓰던 교무수첩을 발견했다. 한 장 한 장 넘기다 보니 아이들의 사진이 나온다.

　　수학여행에 가서 다리가 부러진 호진이, 체육 대회 때 꼴찌로 달린 수영이, 친구를 두들겨 패고 전학 간 철호, 담배 피우다 학생부에 간 승훈이….

　　그때는 참 힘들었는데, 지금 생각하면 모두가 소중한 아이들이었고, 추억이었다. 문득 지금은 어디에서 무엇을 하고 있을까 궁금해진다. 아이들을 찾아서 우리 반 성장영화 한 편을 촬영해도 재미있을 것이라는 생각이 스친다.

　　교사가 아니더라도 이런 추억 하나쯤은 누구나 다 가지고 있을 것이다. 그럼 이 이야기를 영화로 만든다면 가장 먼저 무엇을 해야 할까?

단순한 아이디어가 영화가 되기 위해서는 시놉시스, 트리트먼트, 시나리오, 콘티 과정을 거친다. 이처럼 아이들과 겪었던 에피소드를 먼저 주변 사람들에게 이야기를 한다. 나는 재미있지만 사람들의 반응이 시큰둥하다면 일찌감치 접어야 한다. 어느 정도 인정을 받았다면 다음 단계로 넘어간다.

## 시놉시스

전체적인 이야기를 쓰는 단계를 시놉시스라고 한다. 보통 주제, 기획의도, 등장인물, 줄거리를 모두 정리하는 과정으로 영화 제작을 위한 설계도에 해당한다.

## 트리트먼트

트리트먼트는 줄거리를 씬별로 구체화시킨 것이다. 장소에 따라서 사건과 인물의 감정까지 세밀하게 적는다.

> \# 점심시간 교무실
> 출입문이 열리며 학생부장이 앞서고 승훈이가 이어 들어온다. 학생부장은 못해먹겠다며 소리를 지르고 승훈이는 잘못했다고 사정을 하면서 학생부장의 옷을 잡는다.

## 시나리오

시나리오 영화 형식에 따라서 문장을 완성한 것으로 해설, 대사, 지문이 담겨 있다.

#1 교무실(점심시간)

시끄러운 교무실에 두 사람 들어온다. 학생부장이 앞서고 승훈이가
뒤따라 들어온다.

**학생부장**        (화난 표정) 아이 진짜 못해먹겠네.

**승훈이**        (두 손으로 학생부장의 옷깃을 잡으며 우는 소리)

                  선생님, 한 번만 봐주세요. 잘못했어요.


## 콘티

마지막으로 콘티는 화면과 소리로 구분되어 있고 촬영장의 모습을 그대로
그린 자료다. 그림이 삽입되지만 실제 사람이 현장에 가서 동선을 확인하고
사진을 찍어서 사용하는 경우도 있다. 한마디로 영화 촬영을 위한 그림이다.

영화의 장점은 이야기를 화면과 소리로 만들어서 전달하는 것이다. 그렇지만 어려운 점도 있다.

영화 〈8월의 크리스마스〉의 마지막 장면은, 주인공 다림이(심은하 분)가 눈 쌓인 초원사진관을 바라보다가 자기 사진을 보고 미소를 짓고 뒤돌아서서 가는 장면이다. 정원(한석규 분)의 내레이션이 나오면서 영화는 끝이 난다.

시나리오에서는 짧은 한 줄이지만 이 장면을 촬영하기 위해서는 여러 가지를 고려해야 한다. 겨울날의 눈을 내린 장면을 찍기 위해서는 일기예보를 확인하고 눈 오는 날을 기다렸다가 서울에서 군산까지 가서 촬영해야 한다. 하지만 이것은 불가능한 일이다. 화면 속 눈은 진짜 눈이 아니라 소금이다. 작가는 이런 상황까지 고려하면서 시나리오 작업을 해야 한다.

또 글과 영상은 느낌이 다를 수가 있다. 소설이 영화가 되기 위해서는 내용을 줄이거나 늘리고 때로는 내용도 바꾼다. 이 과정에서 감독이 어떻게 해석하고 연출하는가에 따라서 관객들의 평가도 달라진다.

더생각해보기

- 같은 이야기라도 미디어에 따라 느낌이 다를 수가 있다. 간단한 문장을 만들어 놓고 다른 미디어로 어떻게 표현할 것인가를 생각해 보자.
- 두 사람이 들판을 걷는 장면을 글, 소리, 말, 그림으로 각각 표현해 보자.

# 07 이야기의 구조

**기억에 남는 영화가 있다면?**

① 언제 보았는가?    ② 누구랑 보았나?

③ 주인공은?    ④ 기억에 남는 장면은?

⑤ 줄거리는?

최근에 본 영화 스토리다.

'가족들이 단란하게 살고 있는 어느 시골 마을에 아버지가 잠깐 일을 보러 시장에 간다. 그런 사이 악당들이 쳐들어와 집을 불살라 버리고 떠난다. 집에 돌아온 아버지는 울음을 멈추지 못하는데, 가재도구를 살피는 중에 악당의 것으로 추정되는 모자를 발견한다. 아버지는 복수를 결심하고 집을 떠나 전국을 떠돌다가 우연히 그들의 소식을 듣는다. 어렵게 찾아내 복수를 하였으나 알고 보니 악당의 동생이었다. 아버지는 다시 악당을 찾기 위해 수소문을 한다. 이 소식을 들은 악당도 목숨 건 싸움을 시작한다. 한동안 싸움에서 밀리는 아버지 그러나 결정적인 순간에 악당을 물리치고 자유로운 몸이 되

어 복수를 한다.'

이 이야기는 3막으로 구성된 상업영화 프레임으로, 전형적인 할리우드 스타일이며, 아리스토텔레스『시학』에서 출발하였다.

1막은 설정 장면으로, 주인공이 왜 싸우는가를 설명한다. 목표 설정단계로 시간과 장소, 캐릭터를 보여 주고 사건의 시작을 알리며 다음 장면을 예측할 수 있다. 여기에서는 악당이 가족들을 죽이고 흔적을 남기고 간 부분까지다.

2막은 대립으로, 문제해결을 위한 행동의 단계다. 주인공은 고난을 겪으면서 어떻게 싸울 것인가를 고민하고 실행에 옮긴다. 영화의 절반을 차지한다. 영화 줄거리 중 동생을 죽이는 과정까지로 완벽하게 문제를 해결하지 못한다.

3막은 해결이다. 마지막 부분으로 클라이맥스에서 카타르시스를 느끼며 문제를 해결하는 단계다. 영화에서는 복수를 하고 마무리를 짓는 부분이다.

데이비드 하워드((David Howard)는『시나리오 가이드』에서 좋은 스토리의 기본 요건을 다음과 같이 제시하고 있다.

① 관객의 입장에서 쓰는 글로 감정을 이입할 수 있어야 한다.

② 관객이 볼 때 누군가에 관한 이야기로 그는 어떤 일을 하기 위해 대단히 노력을 하지만 잘 안된다. 그러나 불가능한 것은 아니다.

③ 이야기는 정서적인 임팩트와 관객의 참여를 이끌어 내는 방식으로 전개가 필요하며 엔딩은 만족스럽게 끝나야 한다. 반드시 해피엔딩일 필요는 없다. 시나리오는 관객이 어떻게 보는가에 따라 달라질 수 있다는 것이다.

영화는 주인공이 이야기를 얼마나 잘 끌고 가느냐가 핵심이다. 이야기를 반드시 시간 순으로 정해진 길을 따라서 끌고 갈 필요는 없다. 중간부터 시작할 수도 있고, 주인공이 기억을 잃은 상태에서 과거의 흔적을 찾는 과정이 현재와 혼재될 수도 있다. 일정 패턴에 따라서 퍼즐이 맞춰지듯 마지막에 모든 것을 완성시키면 되는 것이 플롯의 구조다.

플롯의 구조에는 흥미를 유도하기 위해 여러 가지 장치를 한다. 주인공과 적대자와의 관계 설정이다. 두 사람의 대립관계가 팽팽해질수록 긴장감은 더해 간다. 엎치락뒤치락하면서 마지막까지 이야기가 전개되어야 하는데, 주인공이 힘이 세거나 적대자가 강하면 한쪽으로 쏠리면서 이야기가 심심해진다. 적대자가 반드시 사람일 필요는 없다. 주인공이 도전하는 과제나 사회적인 문제도 적대자가 된다.

영화에는 이런 장면도 있다. 액션영화에서 의자 밑에 폭탄이 설치된 것을 관객은 알고 주인공은 모른다고 할 때 관객은 긴장을 한다. 언제 터질지 모르기 때문에 숨을 죽이고 지켜본다. 공포영화에서는 커튼 너머로 칼은 든 그림자가 보인다면 관객은 위험하다는 것을 직감한다. 서스펜스란 관객이 극중 인물보다 많은 것을 알고 있는 상황으로 긴장감을 느끼는 감정이다.

또 창고 문을 열었는데 갑자기 폭탄이 터지는 장면이나 어두운 밤 주인공이 창문을 열었는데 머리카락이 내려오면 관객도 함께 놀란다. 서프라이즈는 관객과 배우가 동일시하며 반전효과를 노릴 때 사용된다.

이야기에는 이런 요소들이 숨어 있다. 두 시간 동안 이야기를 끌고 가기 위해서 적대자의 능력을 어디까지 끌어올릴 것인가, 서프라이즈와 서스펜스를 어디에 배치할 것인가, 어떤 단서를 제공할 것인가를 감독은 고민한다. 간혹 표절시비가 일어나는 것은 원작을 감추기 때문이지만 원작을 알리고 싶은 존경의 의미로 오마주를 표현하거나 원작을 재미있게 풍자하는 패러디도 표현방법의 하나다.

- 영화 제작발표회에서는 이런 말을 한다. "시나리오를 쓸 때 연기자를 생각하고 작업을 시작했습니다." 이것은 캐릭터를 생각했다는 것이다. 우리가 단편영화를 촬영한다면 어떤 배우를 캐스팅할 것인가 생각해 보자.
  예) 60대 남자 170cm키에 까칠하고 속이 좁으며 주변 일에 참견을 많이 하는 역.
  예) 50대 여자 살이 찌고 경상도 사투리를 쓰며 생선가게를 하는 역.
- 주변 인물을 캐릭터로 표현해 보자.
  예) 아버지 50대 중반이며 항상 피곤해 보이고 안경을 쓰고 있으며 말수가 적음. 가끔 신경질 적이고 잔소리가 많음.
- 어머니, 선생님 친구들과 어울리는 캐릭터를 만들어 보자.

# 08 영화를 만드는 사람들

**촬영장의 모습이다. 몇 사람이나 있을까?**

① 2명        ② 15명        ③ 많은 사람

위 사진에는 감독을 둘러싸고 스태프 몇 명만 보인다. 하지만 화면 잡히지 않는 사람들이 주변에는 더 많다. 영화는 여러 방면의 전문가들이 사전제작 제작 후반작업 과정을 거치면서 완성된다. 영화를 만드는 사람들에는 어떤 사람들이 있을까?

사전제작은 프리프로덕션으로 구체적인 계획을 수립한다. 아이디어가 시나리오로 만들어지며 투자자를 대상으로 제작비를 확보한다. 또 연기자와 제작진을 구성하고 촬영장소를 결정하고 리허설부터 완성까지 전체 일정을 확인한다. 사전제작의 계획서는 영화의 완성도를 좌우하기도 한다. 사전제작에 참여하는 사람들은 누구일까?

## 사전 제작 단계

영화감독은 전체를 이끌어 가는 사람으로 영화를 기획부터 완성까지 모든 일을 지휘하기 때문에 최종적인 의사결정권을 가지고 있다. 조감독은 연출부를 책임지며 업무연락과 전제 업무를 조정하는 역할을 한다. 영화 기획자는 영화사 소속으로 있으면서 소재 발굴, 계획수립, 홍보와 배급까지 행정적인 업무를 담당한다. 시나리오 작가는 이야기를 촬영이 가능하도록 시나리오를 완성하는 작업을 하며 스토리 보드 작가는 시나리오를 영상화하기 위한 각 장면을 그림으로 표현하는 작업을 한다. 로케이션 매니저는 촬영을 위한 장소를 선택하고 섭외하는 일을 한다. 시나리오에 대한 이해가 선행되어야 장소 선정이 가능하다.

## 제작 단계

제작 단계는 프로덕션 단계로 촬영과 동시녹음이 이루어진다. 감독의 주도 아래 촬영팀, 미술팀, 조명팀, 음향팀 등이 협력해서 작업을 진행한다. 촬영은 현장촬영, 세트촬영, 실내촬영으로 구분한다. 촬영은 장소와 시간, 장비와 배우의 일정, 스텝 여러 가지가 한꺼번에 진행되고 모든 것은 시간과 예산으로 맞물려 있다. 촬영장에는 어떤 사람들이 있는지 확인해 보자.

영화배우는 역할에 따라서 주연, 조연, 단역이 있으며 액션영화의 경우 배우의 대역을 하는 스턴트맨도 있다. 개인보다는 기획사를 통해서 진행된다. 무술감독은 출연자들의 무술 지도를 하거나 스턴트맨을 관리하는 역할을 하며 시나리오에 대한 이해와 출연자의 특성과 동선을 조정한다.

PD는 제작부를 관리하며 예산과 진행을 담당한다. 촬영장에 있는 사람들이 오직 촬영에만 집중할 수 있도록 지원한다.

감독과 조감독 스크립터는 연출팀으로 한몸처럼 움직인다. 스크립터는 촬영 정보를 기록하는 일을 하는데, 여기에는 각도, 렌즈, 의상, 소품 등을 상세하게 기록한다. 촬영감독은 촬영팀을 이끌면서 촬영에 대한 전반적인 지식을 가지고 있으며 촬영에 필요한 조명과 장비에 관한 사항도 결정한다. 촬영팀은 카메라 이동과 설치, 공중촬영, 수중촬영처럼 특수한 환경에서도 작업을 한다. 현장 편집기사는 현장에서 촬영한 파일을 가편집 하는 역할을 한다. 편집에 대한 안목과 순간적인 감각이 필요하다. 동시녹음 기사는 사운드 관리자로 동시녹음과 붐마이크 등 현장의 소리를 담당한다. 마이크의 위치나 거리 방향등 미세한 부분이 음질을 결정할 수 있기 때문에 항상 긴장한다. 조명감독은 빛을 만들고 관리한다. 자연광뿐만 아니라 인공적인 조명기구를 활용하는데, 이때 촬영팀, 미술팀과 의논한다. 여기에는 발전차와 조명크레인도 함께 포함된다. 조명팀은 장비가 많고 무거우며 준비시간도 오래 걸린다. 특히 전기를 다루기 때문에 전문적인 기술이 필요하다. 프로덕션 디자이너는 미술감독으로 시각적인 효과를 책임진다. 화면에 보이는 세트와 로케이션, 소품, 공간 배치와 의상, 분장 등 다양하다. 상황에 따라서 특수분장이나 특수효과를 담당하기 때문에 순발력과 창의력이 필요하다.

### 사후 제작 단계

후반작업은 마지막 단계로 포스트 프로덕션이라고 한다. 색 보정과 CG 음악과 효과음 등 여러 작업을 통해 영화가 완성된다. 영화 자막으로 올라가는 내용과 예고편 작업도 중요한 부분이다. 마지막은 완성된 영화를 관객이 감상할 수 있도록 배급과 상영 단계도 포함한다. 후반작업을 위해 노력하는 사람들은 다음과 같다.

편집감독은 촬영된 화면을 재구성한다. 작품 내용과 연출자의 의도를 이해하고 있어야 자연스럽게 편집이 진행된다. 색보정은 보여 줄 것을 정확히 보여 주기 위한 작업으로 영화의 분위기를 좌우한다. 시각효과 VFX 감독은 CG를 포함 2차적인 시각효과를 더한 것이다. 촬영장에서 불가능한 부분을 추가해서 상상력을 증대시킨다. 사운드 수퍼바이저는 음향감독으로 영화 전반의 음향을 디자인하고 조정하며, 음악감독은 영화음악을 선정하거나 곡을 만든다. 영화사는 포스터 제작과 광고 배급과 상영의 업무를 담당한다.

영화 제작은 혼자 하는 것이 아닌 여러 사람이 오랜 시간 동안 함께 작업을 한다. 영화를 보고 나면 주연 배우 몇 명과 줄거리만 기억에 남는다. 그렇지만 보조 출연자 스턴트맨처럼 여러 출연자들이 있었고 화면 밖에서는 감독을 비롯하여 많은 사람들이 함께하고 있다. 다양한 직업을 가진 사람들이 모여서 함께 일하기 때문에 양보와 배려가 필요하다.

영화의 마지막 장면인 엔딩 크레딧은 보조 출연자나 화면에 보이지 않았던 스텝들이 인사하는 시간이다. 영화를 즐겁게 관람했다면 잠깐 동안 시간을 내서 인사를 받아 주는 것도 예의다.

# 09 같은 이야기 다른 느낌

**다음 영화의 공통점은?**

① 전쟁영화      ② 2차대전 영화

③ 외국영화      ④ 국내 개봉영화

〈피아니스트〉(2002), 〈덩게르크〉(2017), 〈발키리〉(2008), 〈쉰들러 리스트〉(1993)는 모두 제2차 세계 대전을 소재로 한 영화다.

### 전쟁을 소재로 한 영화들

〈피아니스트〉는 평범한 사람들이 전쟁을 겪으면서 느끼는 공포와 두려움을 표현하고 있으며, 〈쉰들러리스트〉도 마찬가지로 전쟁 속에서 살아남기 위해서 마지막 본능까지 보여 주는 영화다. 두 작품은 보통 사람들의 모습을 다루고 있지만 포스터에 보이는 것은 인간성이나 감정을 사치로 느낄 정도로 냉소적으로 표현하고 있다.

영화 〈덩케르크〉와 〈발키리〉는 군인 중심으로 스토리가 전개된다. 〈덩케르크〉에서 적군의 모습은 거의 등장하지 않는다. 전쟁을 치러야만 하는 군인들의 심리상태를 표현하고 있다. 포스터에서 보여 주는 것은 군인의 강렬한 모습이 아니라 힘없고 지친 모습으로, 적은 외부에 있는 것이 아니라 내부에도 있다는 것을 느낄 수 있다. 〈발키리〉는 그야말로 상업영화의 대명사다. 포스터에서 보여 주듯이 영웅 중심으로 이끌어 간다. 영화는 전쟁의 다른 모습은 보여 주지 않는다. 주인공의 생각이나 행동으로 영화가 전개되고 있으며 전쟁을 흥미나 멋진 장면으로 표현하고 있다. 전쟁은 개인의 입장으로 볼 때 모두가 피해자라는 생각이 든다.

### 학교 이야기를 소재로 한 영화들

〈클래스〉(2010)와 〈디태치 먼트〉(2011)는 학교 이야기를 다루고 있다.

〈클래스〉는 학교 안에서 벌어지는 여러 가지 사건을 제쳐 두고 교실 안에서 교사와 학생 중심으로 이야기가 전개된다. 반면 〈디태치 먼트〉는 학교와 학교 밖 이야기를 서로 연계하면서 다양한 사람들과 마주한다. 〈클래스〉가 내면과 작은 이야기라고 한다면 〈디태치 먼트〉는 교육환경과 사회적 책임에 대해 이야기하고 있다. 대부분의 교사들은 영화 속에서 일어나는 일들을 공감하면서 풀어야 할 자신의 숙제라고 생각한다.

### 가족 해체를 소재로 한 영화들

〈동경이야기〉(1953)와 〈동경가족〉(2014)은 가족 해체라는 주제를 다룬 작품이다. 〈동경이야기〉는 제2차 세계 대전 후 산업사회가 시작되면서, 〈동경가족〉은 일본 대지진 이후 복구되는 시기에 만들어진 리메이크 영화다.

시골에 살고 있는 노부부는 자녀들을 보기 위해 고향에서 동경에 올라온다. 하지만 자녀들은 서로 바쁘다는 핑계로 부모들을 부담스러워한다. 부모의 입장에서 생각하면 가족 해체는 서글픈 모습이다. 성장한 자녀들을 다시 가르치거나 불러들일 수는 없기에 쓸쓸한 모습을 그려내고 있다.

같은 내용이지만 〈동경가족〉은 시대적 배경이나 직업, 환경도 다르게 보이고, 부모 중심의 이야기보다는 자녀들의 입장을 조금 더 세밀하게 보여 주고 있다. 가족에 대한 생각은 어린 시절과 성인이 되었을 때 조금씩 바뀌는데, 이런 부분을 잘 반영하고 있다.

이처럼 같은 이야기이지만 다른 느낌으로 다가오는 영화들이 있다. 감독이 어떤 생각을 가지고 제작하는가에 따라서 달라지기 때문이다. 또 제작 당시 사회적 흐름이나 이념 그리고 민족이나 국가에 따라서도 달라진다.

관객들은 배경지식을 가지고 영화를 보기 때문에 영화를 만드는 데 있어서 더 세밀한 접근이 필요하다. 노래도 마찬가지다. 모두 알고 있는 과거의 노래를 아이돌 가수가 부르면 새롭게 느껴지는 것처럼 말이다. 모두가 알고 있는 사실은 어떻게 설명하는가에 따라서 느낌이 달라진다는 것이다.

# 10 영화정보 활용하기

**영화를 보고 나면 무엇을 하고 싶은가?**
① 촬영장 가 보기　　② 정보 검색하기
③ 따라하기　　④ 팬미팅

　　감동적인 영화 한 편을 보고 영화관을 나올 때의 감정은 이루 말할 수 없이 벅차오를 때가 있다. 간혹 영화 음악을 흥얼거리기도 하고, 눈물을 훔치기도 한다. 또 집에 와서는 영화나 배우에 대한 정보, 영화 속 정보를 더 검색해 보기도 한다. 또 영화 촬영지를 여행할 계획을 세우거나 영화에 등장한 음식을 맛보기도 한다. 이렇듯 한 편의 영화는 다양한 후속 행위를 수반할 수 있는데, 이는 영화 속에는 만물상처럼 여러 가지 정보가 담겨 있기 때문이다. 이것을 한 줄로 이어갈 수도 있고 넓게 펼칠 수도 있다. 영화 속 정보들을 재구성해 보자.

## 영화촬영 지도를 만들어 보자

영화 촬영지는 제작진에서 심혈을 기울여 선택한 곳이다. 영화를 보고 선택할 수도 있고 지방자치단체 관광정보나 '한국관광공사 구석구석'에서도 검색할 수 있다. 남양주를 비롯하여 합천, 순천, 부안 등의 세트장은 시대나 내용에 따라서 조금씩 다르기 때문에 영화촬영 지도에 추가한다. 야외 촬영지는 특별하거나 경관이 아름답기 때문에 계절별로 찾아보는 것도 좋다. 청산도는 서편제와 함께 명소가 되었으며, 남이섬이나 정동진도 드라마와 영화 촬영지로 유명세를 타고 있다. 〈봄 여름 가을 겨울 그리고 봄〉(2003)의 촬영지인 청송 주산지와 〈리틀포레스트〉(2018)의 촬영지인 경북 군위군 우보면은 4계절을 다룬 영화로, 모두 한 곳에서 촬영했다. 우리나라 지도를 놓고 영화촬영 지도를 그려 보는 것도 꽤 재미있는 일이 될 것이다.

## 역사영화의 타임라인을 만들어 보자

〈황산벌〉(2003), 〈평양성〉(2011), 〈안시성〉(2018)은 삼국 시대를, 〈비천

무〉(2000), 〈무사〉(2001), 〈쌍화점〉(2008)는 고려 시대를, 〈순수의 시대〉(2015), 〈관상〉(2013), 〈왕의남자〉(2005), 〈명량〉(2014), 〈광해 왕이 된 남자〉(2012), 〈남한산성〉(2017), 〈사도〉(2014), 〈명당〉(2018)은 조선 시대를 시대적 배경으로 한 영화들이다. 이 영화들을 왕의 순서와 사건, 시대 순으로 정리해 보자. 또 이 영화들을 조금 더 깊이 들어간다면 전쟁을 통해서 주변국과 국제관계를 살펴볼 수 있고 등장인물의 역할에 따라서 시대의 정치구조와 사회제도를 확인할 수 있다. 또 일반 서민들의 삶 속에서는 사용하는 도구나 생활도 엿볼 수 있다. 외국영화 중에서도 시대를 배경으로 한 영화도 같은 방법으로 만들어 보고 우리 역사와도 비교해 보는 것도 교육적으로 의미 있는 일이다.

## 과학적 원리를 검증하자

과학과 관계된 내용은 재난영화나 SF 영화에서 자주 등장한다. 재난영화의 경우는 자연재해와 기후 변화에 따른 지구 멸망이나 바이러스, 전염병 문제, 인간이 한계상황에서 생존을 다루는 내용들이다. 전쟁영화에서는 각종 무기의 개발과정과 효과에 대한 내용을, 고전영화에서는 창, 칼, 화살의 위력과 대포의 사정거리를 과학적으로 분석해 보는 것도 의미 있다. SF 영화에서는 투명인간, 타임머신, 블랙홀, 우주선과 조난, 우주 정거장, 인간의 한계 등 과학적인 내용이 많이 담겨 있다. 현실에서도 가능한지, 어떤 오류가 있는지 확인해 보자.

## 미래 환경을 상상해 보자

SF 영화를 통해서 미래의 모습을 상상할 수 있다. 우리가 지금 사용하고 있는 손안의 TV인 스마트폰, 하늘을 나는 비행기, 바닷속 잠수함, 걸어 다니는 길, 에스컬레이터는 19세기 사람들의 상상화에 등장한 내용이다. 영화 속에 등장한 이것들이 모두가 현실이 되는 것은 아니지만 돌이켜 보면 비슷한 도구들도 만들어진 게 사실이다. 얼마 전까지 영화 속에 존재하던 인공지능이나 1인용 비행기, 가상공간과 홀로렌즈, 자율주행 자동차가 실용화를 앞두고 있다는 사실이 이를 뒷받침하고 있다.

영화에 등장하는 도구나 기기를 선택해서 만들기에 도전해 보자. 소프트웨어 교육이나 메이커 교육과 연계한다면 멋진 작품이 나올 수 있다. 만든 작품을 소개해 보고 각각의 작품을 연결해서 스토리의 재구성도 가능하다. 영화의 상상이 현실로 태어나는 것이다.

### 빠진 장면을 완성해 보자

영화의 구조가 설정-대립-해결이라고 한다면 예고편은 관객의 관심을 유도하기 위해 설정과 대립 부분은 공개하고 해결을 상상하게 한다. 반대로 해결 부분을 먼저 감상하고 설정과 대립 부분을 상상해서 완성하거나 설정과 해결 부분을 본 다음 대립 부분을 상상하는 방법도 있다. 감독의 입장에서 이야기를 만들어 보는 것이다. 영상을 본 다음 말로 표현하는 방법도 있지만 4컷 만화나 글로 써서 상상의 공간을 채워 나가는 방법도 있다.

### 한 장면을 다양하게 표현해 보자

영화는 아이디어-시놉시스-트리트먼트-시나리오-콘티-영상의 과정을 거쳐 완성되지만 거꾸로 거슬러 올라가는 것도 재미있다. 짧은 한 장면을 보면서 콘티를 그린 다음 시나리오를 작성하고 트리트먼트와 시놉시스를 적는다. 마지막에는 아이디어를 발표하는 것이다. 사람마다 다른 장면을 선택해서 작성하거나 여러 명이 서로 나누어서 단계별로 작성하고 하나로 연결하는 방법도 있다. 장면을 다르게 표현해 볼 수도 있다. 예를 들어 CU 장면을 FS으로 바꿔서 표현해 보기, 대사를 바꿔 보기, 주인공을 다르게 바꿔 보기, 시대를 바꿔 보기 등 한 장면을 다양한 방법으로 표현해 보는 것이다.

더생각해보기
• 최근 감상한 영화 속 정보를 재구성해 보자.

# 4

# 영상 제작 수업

# 01 영상제작 수업 전에

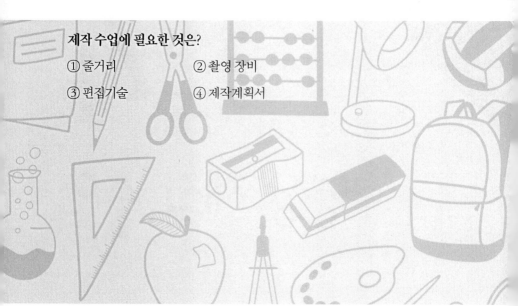

**제작 수업에 필요한 것은?**
① 줄거리　　　　② 촬영 장비
③ 편집기술　　　④ 제작계획서

영화 제작 수업은 시나리오부터 촬영, 편집 및 시사회에 이르는 제작의 전 과정에 관한 수업을 말한다. 그러므로 위에 제시된 모두가 제작 수업에 다 필요한 것들이다. 다음은 학교 현장에서 제작 수업을 진행할 때 교사들이 알 아두면 좋을 것들을 정리한 것이다.

**첫째, 다양한 제작 환경을 활용한다**

영상제작은 여러 사람이 함께하는 모둠활동으로 동질적인 집단보다 이질 적인 집단으로 구성하는 것이 좋다. 제작 과정에는 여러 사람 참여할 뿐만 아니라 참여자의 역할이 모두 다르기 때문에 학생이 좋아하는 역할이나 특기를 발견할 수 있다.

영상 제작계획서는 처음부터 모두 완성하는 것이 아니라 진행과정에서 하나씩 완성해 나간다. 영상 제작계획서는 종이에 작성하는 방법도 있지만 구글 드라이브나 클라우드를 활용한다면 효과적이다. 클라우드는 온, 오프라인 협업이 가능하고 프로젝트가 끝나더라고 남아 있기 때문이다. 다음 작업을 하는 데 도움이 되고 내가 무엇을 했는지도 알 수 있다. 더구나 영상제작은 상영이나 공유를 목적으로 하는 경우가 많기 때문에 클라우드에 접속만 가능하다면 언제 어디서 누구에게라도 상영과 공유를 할 수 있다. 또 제작과정을 스스로 기록하고 Open Portfolio Project로 발전시킨다면 여러 사람들로부터 공감을 얻을 수 있다.

## 둘째, 이야기는 쉽고 재미있고 관심 있는 소재로 선정한다

영상제작은 창작활동이기 때문에 대부분 학생들이 어려움을 호소한다. 대문에 어려운 이야기보다는 학생들이 관심 있어 하거나 쉽고 재미있는 주제를 선정하는 게 좋다.

그동안의 영상 제작 수업 사례를 보면, 초등학생들은 대부분 유머러스하거나 자극적인 내용, 호기심을 유발하는 내용을 선호하는 경향이 뚜렷하고, 청소년은 자기가 겪고 있는 고민을 주제로 하는 경향성이 있다. 또 이성, 성적과 진로에 대한 내용도 적지 않다. 그만큼 하고 싶은 말이 많다는 것을 간접적으로 표현한 것이라고 볼 수 있다.

그러므로 이야기의 출발은 나의 이야기 혹은 모두가 알고 있는 이야기로 시작하는 것이 좋다. 동화, 신화, 교과서 내용은 모두가 잘 알고 있기 때문에 재구성에 어려움이 없을 것이다. 예를 들어 〈토끼와 거북이〉 동화는 거북이가 토끼를 이겼다는 내용이다. 이처럼 이야기는 '누가, 무엇을, 어떻게 했다.'

는 식으로 형태를 확장하면서 새로운 것을 삽입한다면 이야기를 쉽게 완성할 수 있다.

이처럼 이야기를 대략 완성한 다음에는 시놉시스를 구성한다. 캐릭터와 플롯을 완성하는 것이다. 캐릭터는 인물의 특징을 글로 표현하는 것이고 플롯은 이야기를 엮어 나가는 것을 말한다. 예를 들어 〈토끼와 거북이〉 이야기에서는 출발 장면과 경주 장면을 구성할 수 있다. 순서를 바꿔도 관객은 맥락을 파악하기 때문에 의도적으로 바꿔 보는 것도 필요하다.

이렇게 시놉시스를 구성하고 나서 시나리오를 쓴다. 시나리오를 읽으면서 장면을 그릴 수 있어야 한다. 여러 사람이 함께 읽으면서 완성도를 점차 높여가는 것이 좋다.

### 셋째, 촬영 장비는 쉽고 편한 것을 고른다

조작이 어려운 전문 장비보다는 접근성이 좋은 스마트폰이나 간단한 영상 장비를 활용하는 것이 좋다. 복잡한 장비를 사용하다 보면 시간을 허비하게 되고 촬영 목적을 달성하기 어렵다. 삼각대 사용 유무에 따라서 화면이 달라지기 때문에 촬영 담당은 사전에 충분한 연습이 필요하다. 촬영을 한 다음 영상을 곧바로 확인하는 것이 좋다. 스마트폰 촬영의 경우 거리가 멀어지면 목소리 녹음이 어렵기 때문에 무선 마이크 사용을 권장한다. 소품 담당은 시나리오를 보고 사전에 필요한 소품을 준비하고 여의치 않는 경우 직접 만들거나 대체하는 순발력도 필요하다.

### 넷째, 캐릭터에 어울리는 사람을 캐스팅한다

학생들은 서로 주인공을 하겠다고 하거나 배역을 현실로 착각해서 서로 사이가 틀어지기도 한다. 배역을 정할 때는 그 역할에 어울리는 학생을 선정해야 한다. 가끔 주장이 강한 학생은 마지못해 선정하는 경우가 있는데, 이는 작품을 위해 가급적 지양하는 것이 좋다. 또 역할을 임의로 배정하는 것보다는 연기자를 꿈꾸거나 평소 관심이 있는 학생, 아니면 간단한 역할극을 잘 소화하는 학생으로 선정한다. 관객은 영상을 통해 보여지는 연기자의 모습으로 작품을 평가하기 때문에 작품의 수준을 높이기 위해서는 주변 사람들도 캐스팅할 필요가 있다. 제작비가 별도 책정된 경우는 단편영화 전문 사이트 〈필름메이커스〉를 통해서 캐스팅에 도전해 보는 것도 좋다.

### 다섯째, 편집은 버리는 것이다

촬영할 때는 모든 장면이 중요하다고 생각했지만 막상 편집을 할 때는 무엇을 잘라낼지 고민이 되는 경우가 종종 있다. 그러므로 촬영 기간보다 편집 기간이 더 긴 경우가 많다. 또 누가 편집하는가에 따라서 이야기가 달라질 수 있다.

편집을 할때는 CG, 저작권, 배경음악 등을 고려해야 한다. 편집과정에서 컴퓨터에 문제가 생기거나 자판을 잘못 눌러서 자료가 삭제되는 경우도 가끔 일어날 수 있으므로 주의해야 한다. 반드시 촬영영상을 별도로 보관하고 작업 중간 중간에 저장을 해 두는 게 좋다. 그렇지 않으면 처음부터 다시 촬영해야 하기 때문이다. 시간에 쫓기다 보면 마지막에 대충 완성한 다음 시사회 때 후회하는 경우가 있다.

완성한 작품을 모둠원이 함께 보고 점검하는 것을 '기술시사'라고 한다. 처음 의도와 맞게 제작되었는지를 점검하고 문제점이 있으면 보충 촬영을 통해서 완성도를 높이는 과정이다. 편집은 컴퓨터를 잘 다루거나 편집 경험이 있는 학생이 담당한다.

## 여섯째, 평가는 관객의 몫이다

영화는 관객이 보고 재해석하는 과정에서 완성된다. 영화의 목적은 보기 위한 것이므로 나를 포함해서 여러 사람이 함께 보고 공감하는 것이다. 영화는 여러 번 볼 수 있고, 다른 곳으로 보낼 수 있으며, 보관할 수도 있고, 다른 자료에 비해서 공유가 자유롭다. 완성은 끝났다는 의미도 있지만 다시 새로운 것을 시작할 수 있다는 의미도 포함한다.

## 일곱째, 발표과정도 중요하다

발표회는 여러 사람이 함께하면서 최대한 형식을 갖춰 진행하는 것이 좋다. 스스로 존중받는 느낌과 그동안의 보상과 성취감을 맛볼 수 있기 때문이다. 발표회에 앞서 사전 홍보, 발표회 행사진행을 계획하는 것도 제작 못지않게 중요한 부분이다.

다른 제작 발표회가 어떻게 진행되었는지를 점검한 다음 계획을 수립한다. 점검할 내용은 포스터 및 안내장 제작, 사회자 선정, 장비 점검, 일정 및 장소, 무대 꾸미기 등이다. 먼저 포스터와 안내장 제작은 영화를 한눈에 알아볼 수 있도록 콘셉트를 정하고 제작한 다음 시사회 규모에 따라서 학교나 학교 밖 게시판에도 알린다. 초청 인원에 따라 장소를 교실이나 시청각실로 정하고 사전에 컴퓨터나 오디오를 점검한다. 간혹 컴퓨터가 작동이 안 되거나 오디오에 문제가 있는 경우 발표회를 망칠 수가 있다. 사회자는 진행 순서를 확인하고, 멘트를 적어 본다. 특히 사회자가 두 명인 경우에는 사전에 호흡을 맞춰 보는 게 중요하다. 초청장 제작과 발송은 최소 한 달이나 보름 전에 알리는 것이 좋으며 구체적인 내용을 적어 보내고 꼭 참석해야 할 사람은 SNS나 전화로 한 번 더 확인한다. 발표회 때 내빈 소개에 관한 내용도 함께 점검한다. 팸플릿은 영화에 관한 내용을 간단하게 정리해서 발표회 전에 제작 배포하되, 인쇄물이 아니더라도 참석자나 관심 있는 사람들에게 알리기 위해서 SNS로 공유할 수 있는 형태의 파일로도 제작한다.

발표회 마지막에는 주인공과 스텝이 모두 함께 나와서 인사하는 것을 잊지 말아야 한다. 메이킹 필름을 상영하거나 관객과의 대화를 통해 촬영장의 에피소드, 힘들었던 점, 아쉬웠던 점 등을 이야기하면서 그동안 쌓였던 감정을 풀어 내고, 영화 제작에 참여한 사람들 모두가 자부심과 만족감을 느낄 수 있게 한다.

### 여덟째, 자료를 공유한다

발표회가 끝났다고 해서 모든 것이 끝나는 것은 아니다. 우리가 사진 앨범을 만드는 목적은 기억을 기록하고 공유하기 위한 것이다. 10년 후에도 앨범을 보면서 추억을 회상하고 자녀나 지인들에게 보여 주고 싶은 마음은 누구나 다 가지고 있다. 보관을 잘 못해서 사진이 훼손되거나 잃어버린다면 앨범을 만든 것이 헛수고가 된다. 마찬가지로 영상을 만든 이후 자료 관리도 매우 중요하다.

영상은 보통 휴대용 저장장치나 클라우드 서비스를 이용하여 보관하면서 다른 사람과 공유할 때는 파일이나 SNS와 클라우드 서비스를 이용한다. 일단 공유를 할 때는 누구에게 보여 줄 것인가, 공개 범위를 어디까지로 할 것인가에 대해 고민해야 한다. 처음부터 모든 사람에게 공개할 목적으로 제작되었다면 문제가 없지만 개인정보나 사람들에게 민감한 내용이 포함된 경우에는 공개하는 데 신중을 기해야 한다. 공개 범위의 책임은 공개한 사람에게 있으며 회수가 어렵고 오랫동안 인터넷 공간 어디에라도 존재할 수 있기 때문이다.

## 아홉째, 삶과 연계한다

제작 수업은 나를 객관적으로 돌아볼 수 있으며 다른 사람의 모습도 다양하게 볼 수 있는 수업이다. 연출과 카메라를 포함한 스텝 모두는 주인공이 카메라에 잘 보이도록 심혈을 기울인다. 또 주인공의 평소 모습이 아닌 카메라에서 보여지는 모습을 발견할 수 있다. 연기자는 캐릭터의 특징에 맞게 스스로 동화됨으로써 나를 잊고 등장인물의 입장을 먼저 생각한다. 또 제작 과정은 동적인 활동으로 몸으로 체험하기 때문에 경험이 축적된다. 체험을 통한 학습은 삶의 과정에서 문제 해결능력과 가치관을 형성하는 데 많은 영향을 끼친다. 특히 미디어나 제작에 관심이 있는 학생들은 진로를 결정하는 데 많은 도움이 된다.


이상에서 제작 수업 시 유의해야 할 사항을 아홉 가지로 정리해 보았다. 이에 유의하면서 제작 수업을 실제 진행할 때는 다음의 4단계로 나누어 진행하는 것이 좋다.

1단계는 영상을 이해하는 과정이다. 이미지와 애니메이션 그리고 동영상을 경험하고 만들어 본다.

2단계는 영상을 분석하고 계획하는 과정이다. 완성된 영상을 분석하고 어떻게 제작 수업을 디자인할 것인가를 생각해 본다.

3단계는 제작하는 과정이다. 다양한 제작 수업 사례를 체험해 보고 직접 영상을 제작해 본다.

4단계는 공유하는 과정이다. 유튜브 활용하여 여러 사람들과 함께 공유해 본다.

## 02 이미지 체험

**다음은 무엇인가?**

모습은 조금씩 다르지만 사람들은 모두 사과라고 인식한다. 이렇듯 구체적인 언어로 마음속에 그려진 그림을 우리는 '이미지'라고 한다.

이미지는 보이는 모습이다. 눈에 보이는 상(像)을 의미하는 것으로, 글이나 그림, 사진, 영상 등으로 표현할 수 있다. 특히 영화는 머릿속 생각을 이미지로 표현하는 대표적인 예술 장르이다. 생각을 이미지로 연결하는 법은 다양하다.

### 스마트폰으로 이미지를 만들어 보자

스마트 폰으로 교실에 있는 것을 찍어 보자. 교실 안에는 여러 가지가 있지만 반 전체 학생이 똑같은 사진을 찍기는 어렵다. 같은 사물이라도 생각이 다르거나 보는 각도, 찍는 위치가 다르기 때문이다.

먼저 규칙이나 주제를 정해 주고 사진을 찍어 보자. 숫자 0에서부터 10까지 순서대로 촬영하기, 동그라미나 네모 도형 찾아보기, 같은 색의 사물 찍기처럼 쉽게 찾을 수 있는 내용으로 찍어 본다. 평소 관심이 없던 교실 안의 물건들을 자세하게 관찰하는 시간을 가지면서 다른 각도에서 바라볼 수 있는 기회를 가진다.

다음으로 다른 각도에서 사진을 찍어 보자. 평소 잘 알고 있는 사물의 다른 각도, 부분을 클로즈업 한 장면처럼 다른 모습을 촬영해서 무엇인지 확인해 본다. 교과서, 컵 받침, 책상 속, 나뭇잎, 신발 바닥, 친구의 손톱, 안경처럼 아주 가까이 있는 대상을 잡아서 활용한다.

지금까지 찍었던 사진을 설명해 보자. 나만의 작품에 도슨트가 되는 것이다. 교실 안에서 주제를 정하지 않고 마음대로 촬영한 사진을 찍은 다음 전체 학생에게 무엇인지 왜 찍었는지를 설명한다.

## 이미지로 이야기를 만들어 보자

촬영 순서를 정하고 찍는다. 네모모양 사물−친구 손바닥−거울에 비친 자기모습처럼 순서가 정해지면 먼저 대상이 있는지 확인을 하고 순서를 정해서 촬영한다. 촬영한 사진을 생각 대로 찍었는지 확인하는 과정도 필요하다.

연상되는 사물을 찍는다. 특정 단어를 제시하고 연상되는 것을 찍는 것이다. 제시된 단어가 '하늘'이라고 할 때 파란색, 비행기, 새, 파란하늘처럼 연상되는 것을 사진으로 찍는 활동이다.

이미지에 감정을 넣어 찍는다. 기분이나 느낌과 연관 있는 사물을 찾아보고 촬영하는 것이다. 색을 통해서 감정을 표현하는 것이 쉽다. 이미지에 스토리를 입힌다. 사물에 자신의 경험을 연관시키거나 이야기를 만들어 보는 활동이다. 몇 가지 소품을 제공해 주면 이야기가 쉽다. 우유가 있다면 우유 팩으로 게임을 했던 경험이나 먹기 싫어서 책상 속에 넣어 두었다가 상했던 일처럼 이야기를 만들 수 있다.

이미지를 자유롭게 해석한다. 한 장의 사진을 보고 글쓰기를 해 보면 모두 다른 내용이다. 자신의 경험이나 관점에 따라서 다르게 보이기 때문이다.

### 이미지로 게임을 해 보자

모둠활동 게임이다.

① 제시된 사진을 보고 생각나는 단어를 3분 동안 적는다.

예) 단풍잎을 보고 연상되는 단어 : 가을, 여행, 빨간색, 손가락, 낙엽, 청소, 등산 등

② 단어를 확인한다. 진행자는 누가 많이 적었는지 확인한다.

③ 단어를 삭제한다. 가장 많이 적은 사람부터 적은 단어를 읽는다. '가을' 단어가 다른 사람에게도 있다면 모두 삭제한다. 한 단어를 두 사람 이상 적었다면 보편적인 의미를 가진다는 것이다.

④ 모든 사람이 돌아가면서 자기가 기록한 단어를 읽고 지우다 보면 남는 단어가 몇 개 안된다. 없는 경우도 생긴다.

⑤ 남아 있는 단어는 곧 창의성이다. 남아 있는 단어가 많을수록 새로운 생각이나 조합능력이 뛰어난 사람으로 인정을 받을 수 있다.

단풍잎처럼 단순하거나 익숙한 사물일수록 직관적이며 보편적인 단어를

많이 적을 수 있지만, 처음 보는 이미지나 추상적 이미지의 경우는 생각하는 데 시간이 필요하며 창의적 사고력을 만들어 낸다. 적는 단어도 겹치는 경우가 많지 않다.

## 두 개의 이미지로 이야기를 만들어 보자

두 장의 사진으로 이야기를 만들어 보자. '송아지는 풀을 좋아한다. 송아지는 풀밭에서 놀고 있다.' 같은 이야기를 할 수 있다. 사진의 순서를 바꿔서 이야기를 만들어도 된다.

네 장의 사진으로 이야기를 만들어 보자. 우선 제목을 정한 다음 사진을 배열하면서 이야기를 적어 보자. 사진의 순서를 바꿔 가며 이야기를 만드는 방법도 있다. 여러 장의 사진을 제공한 다음 맘에 드는 사진을 골라서 이야기를 만든다.

## 이야기를 이미지로 만들어 보자

간단한 문장을 제시한 다음 어울리는 사진을 붙이는 것이다. 한 장의 사진으로 시작해서 여러 장으로 문장을 만들 수 있다. 사람에 따라서 해석의 차이가 있기 때문에 단계가 올라갈수록 사진이 달라진다.

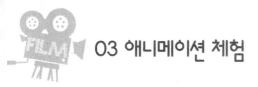
**다음 사진을 한 장씩 보는 것과 연속적으로 빨리 보는 것과는 어떤 차이가 있을까?**

정지된 말이 달리는 말처럼 보인다. 이처럼 동영상은 여러 장의 사진을 연속적으로 이어 놓은 것으로, 마치 움직이는 것처럼 착각하게 만든 것이다. 이것은 착시효과와 잔상 때문이다. 착시는 시각 이미지가 실제 사물과 다르게 보이는 현상이고, 잔상은 눈을 통해 들어온 사물이 짧은 시간 동안 망막에 남아있는 현상이다. 애니메이션은 이런 착시효과와 잔상효과를 이용해서 움직이지 않는 것에 움직임을 부여해 생명력을 불어넣는 예술 장르이다.

애니메이션은 라틴어 Anima(영혼, 정신, 생명)라는 단어에서 유래되었으며 생명이 없는 종이, 진흙 등 사물에 생명을 불어넣는 행위를 말한다. 우리는 각기 다른 정지화면을 1초에 20장 이상 보여 주면 자연스럽게 움직이는 동작으로 인식하기 때문에 게임, 영화, 광고, 뮤직 비디오, 만화영화의 제작 기법으로 사용되고 있다.

애니메이션에서 가장 기본이 되는 것은 종이 애니메이션인 '플립북'이다. 프레임을 한 장 한 장 그려 나가는 것으로, 책의 가장자리를 빠르게 넘기면서 움직이게 만드는 방법이다. 이밖에도 잔상효과를 활용한 것으로는 소마트로프, 조트로프, 페나키스티스코프 등이 있다.

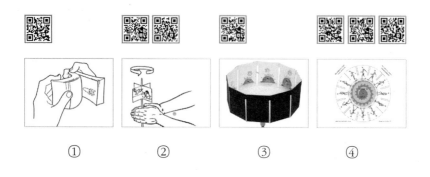

①      ②      ③      ④

① 플립북    https://youtu.be/zn9OigSE9lw

② 소마트로프   https://youtu.be/tPBSeoT_AN4

               https://youtu.be/v0z8QUKgPRA

③ 조트로프    https://youtu.be/5_8fX-N3Ji4

④ 페나키스티스코프    https://youtu.be/WhDBGFFrmUI

                       https://youtu.be/sLvR9R5KEbU

                       https://youtu.be/8SnoIPgDVR8

종이 애니메이션은 종이 한 장에 배경과 캐릭터를 함께 그렸기 때문에 작업량이 많고 작업시간과 제작기간도 길었다. 또한 수정을 하는 데도 어려움

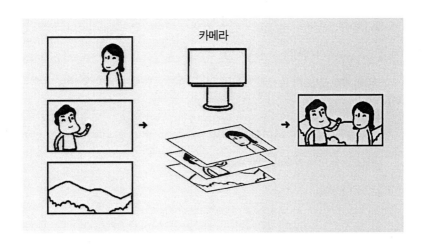

이 많았다. 이를 보완하기 위해 개발된 것이 필름에 그림을 그려 넣은 다음 캐릭터만 사진을 찍어 장면을 완성하는 셀 애니메이션이다. 여러 장의 셀(레이어)을 하나의 장면으로 완성하는 방식이었기 때문에 분업화와 전문화가 가능했으므로 작업시간 역시 단축되었다.

컴퓨터가 등장하면서 애니메이션의 발전에 컴퓨터가 큰 영향을 미쳤다. 컴퓨터 애니메이션은 컴퓨터 그래픽 기술을 사용한 애니메이션으로 'CG 애니메이션' 또는 'CGI 애니메이션'이라고 한다. 색칠하고 촬영하는 번거로운 작업부터 특수효과까지 제작이 가능하며 수정 편집이 쉽기 때문에 작업이 편리하다.

이밖에도 찰흙으로 만든 모형을 프레임에 맞게 조금씩 움직인 후 사진을 찍는 클레이 애니메이션(https://youtu.be/hZTu8wDkans)과 정지해 있는 대상을 움직여서 촬영해 움직이는 영상으로 보이게끔 만드는 스톱모션 애니메이션(https://youtu.be/v7uaklXkePc) 기법이 있다. 이 기법은 1프레임마다 조금씩 이동시켜 촬영하기 때문에 움직이는 것처럼 보인다.

애니메이션은 한마디로 정지된 화면을 움직이도록 하는 것이다. 여러 가지 방법으로 애니메이션을 만들어 보자.

- 요즘 공중부양 사진이 유행하고 있다. 스마트폰으로 공중부양 애니메이션을 만들어 보자.
- PPT 기능 중 애니메이션 효과를 활용하여 글자 애니메이션을 포함한 다양한 애니메이션을 만들어 보자.

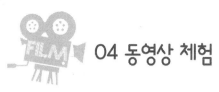

## 04 동영상 체험

**새해 첫날 정동진에서 멋진 일출 장면을 본다면 제일 먼저 할 일은?**
① 촬영한다.  ② 스마트폰을 꺼낸다.  ③ 구도를 잡는다.
④ 동영상을 확인한다.  ⑤ 카메라 앱을 실행시킨다.

일출 장면을 찍기 위해서 가장 먼저 해야 할 일은 스마트폰을 꺼내는 일이다. 이것은 누가 말하지 않아도 자연스러운 행동이다. 스마트폰만 있으면 누구나 사진작가나 영화감독이 될 수 있다.

바닷가에 있는 모든 사람들이 같은 시간대에 같은 사물을 촬영하더라도 각자 찍은 영상은 조금씩 다를 것이다. 촬영 지점에 따라서 프레임이 달라진다. 스틸 사진이냐, 동영상이냐에 따라서도 달라지고, 정지된 상태에서 찍느냐, 움직이면서 찍느냐에 따라 달라진다. 보통 사람들이 사진보다 동영상을 더 선호하는데, 동영상이 더 많은 정보를 담고 있기 때문일 것이다.

동영상 촬영 방법에는 여러 가지 방법이 있는데, 팬(pan shot)은 카메라를 좌우로 움직여 풍경을 담는 것이고, 틸트(tilt shot)는 위아래의 풍경을, 달리(dolly shot)는 움직이면서 촬영하는 방법이다.

이렇게 촬영된 자료는 편집을 통해서 새롭게 탄생한다. 전문가가 아니어도 간단한 앱으로 동영상을 만들고 여러 사람들과 공유할 수 있다. 가능하면 촬영 전에 먼저 스토리를 구성하는 것이 좋지만 여의치 않으면 일단 촬영을 한 다음 자료를 활용해서 재구성하는 방법도 있다.

앱을 활용한 동영상 제작 과정은 다음과 같다.

1. 제목을 정한다. 간단하고 쉽게 알아볼 수 있는 내용으로 정한다.

2. 사진과 동영상을 배치한다. 사진만 연속 배치하는 것보다 두 가지를 적절하게 배합하는 것이 좋다.

3. 배경음악은 앱에서 기본적으로 제공하는 음악을 선택한다.

4. 동영상의 품질을 높이기 위해 화면 전환과 텍스트 삽입 같은 효과를 추가한다.

5. 마지막으로 완성된 영상은 플랫폼을 통해 여러 사람과 공유한다.


다음은 동영상을 쉽게 만들 수 있는 스마트폰 앱이다. 누구나 쉽게 따라할 수 있고 짧은 시간에 만들 수 있다는 장점이 있다. 무료 버전과 유료 버전이 있다.

동영상을 제작할 수 있는 스마트폰 앱으로 키네마스터가 있다. 이 앱은 쉽게 동영상을 만들고 공유할 수 있는 앱이다. 여기서는 키네마스터 제작 과정을 간단하게 소개한다. 한번 따라해 보자.

## 1. 키네마스터 앱 설치하기

구글플레이스토어, 애플스토어에서 다운로드하여 설치가 가능하다.

## 2. 앱 실행하기

설치된 앱은 스마트 폰에 적합한 16:9로 설정하고 실행한다.

## 3. 구성 이해하기

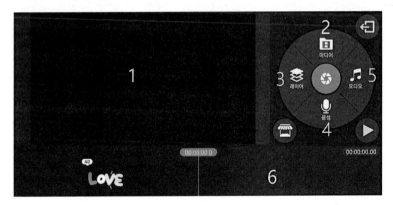

1은 보여지는 화면으로 작업하면서 확인이 가능하다.

2〈미디어〉는 사진과 영상이 보관되어 있는 공간으로 주로 스마트폰에 저장된 내용이다.

3은 다양한 효과를 삽입할 수 있는 메뉴로 자막과 화면 전환이 가장 많이 사용된다.

4는 나레이션을 녹음한다.

5는 효과음이나 배경음악을 선택, 삽입한다.

### 4. 미디어 삽입

미디어 아이콘을 클릭하면 스마트폰에 저장된 사진과 동영상이 보인다. 순서나 영상의 길이를 고려하여 삽입한다. 필요에 따라서 편집도 가능하다.

## 5. 레이어 삽입

영상에 전환 효과 타이틀 등 다양한 변화를 줄 수 있다. 가장 많이 사용하는 것은 제목이나 자막을 입력하는 것이다. 텍스트를 선택하고 글자를 입력하면 노란색 자막 트랙이 생성된다.


## 6. 음성 삽입

음성은 나래이션을 추가하는 기능이다. 음성 아이콘을 클릭하면 녹음창이 열리고 녹음을 마치면 파란색 트랙이 생성된다. 녹음을 하지 않고 기존의 오디오 입력도 가능하다.

## 7. 오디오 삽입

## 8. 완성하기

영상이 완성되면 수정할 내용이 없는지 돌려 본다. 이때 잘못된 부분이 있으면 원점으로 돌아가 수정을 한다. 다음 최종적으로 내보내기를 선택하면 프로젝트 내보내기가 진행된 후 최종 영상이 완성된다.

## 9. 유튜브 올리기

최종 영상을 확인한 후에는 유튜브나 SNS를 통해서 공유한다. 유튜브에
올린 경우 url을 공유하기 때문에 편리하다.

# 05 동영상 분석

**영화를 거꾸로 돌려 본다면?**

① 불가능하다.      ② 머리가 아프다.

③ 결론부터 볼 수 있다. ④ 생각해 본 적이 없다.

영화를 거꾸로 돌려 본다면 어떨까? 결말을 알고 이야기의 흐름을 파악할 수 있을 것이다. 또 극장에서 영화를 보고 나오는 장면부터 거꾸로 되돌이켜 본다면 감독이 생각한 아이디어까지 거슬러 올라갈 것이다.

영상을 되돌려보고 분석하는 것은 제작 수업에 반드시 필요하다. 사전제작−제작−사후제작−홍보의 전체 과정을 거꾸로 본다는 생각으로 분석해 보자. 이 활동은 제작 수업에 도움이 되기 때문에 한 사람이 전체 과정을 살펴보는 방법도 있지만 모둠활동으로 영역을 나눠서 분석한 다음 서로 이야기를 나눠 보는 것이 좋다. 모둠원의 숫자에 따라서 촬영, 편집, 사운드, 시나리오, 홍보, 소품 미술처럼 사전에 영역을 나누고 영상을 시청한 다음 자신의

〈부산행〉 메이킹 영상 https://youtu.be/BtL9taq_uxo

관점에서 발표와 질문을 한다.

먼저 홍보의 과정을 살펴 본다. 이 과정에서는 영화가 완성된 다음에 볼 수 있는 메이킹 필름이나 영화 예고편을 시청한다. 메이킹 필름은 카메라 밖에서 일어난 이야기와 제작 과정의 숨은 이야기가 담겨 있는, 다큐멘터리 형식으로 배우와 제작진 그리고 진행과정을 모두 카메라에 담은 것이기 때문에 기록을 위한 영상이라고 할 수 있다.

영화 예고편은 짧은 시간 동안 영화를 소개할 목적으로 제작되었기 때문에 줄거리와 핵심적인 내용이 담겨 있어 예고편만 보더라도 영화 내용을 쉽게 이해할 수 있다. 또 영화 관련 방송 프로그램이나 시사회에서 감독이나 출연자가 전하는 생생한 이야기도 영화 분석에 중요한 자료가 될 수 있다.

두 번째는 영화의 사후 제작 과정을 살펴본다. 주로 스튜디오 안에서 이루어지는 작업 과정이 대부분인데, 사운드 효과음, 배경음악과 화면 CG, 자막, 색 보정에 대한 내용이다. 한 사람씩 영역을 나눠서 분석을 하다 보면 감독의 입장을 조금이나마 이해할 수 있다. 좀 더 깊이 있게 알고 싶다면 인터넷 검색을 통해서 관련 정보를 수집해 보는 것도 좋다. 발표자는 감독의 입장이 되어 보고 다른 사람은 발표를 듣고 자신의 의견을 제시하는 것이다.

세 번째 제작 과정을 살펴본다. 주로 현장촬영에 관한 부분으로, 촬영, 미술, 조명, 사운드처럼 영역별로 나눠서 분석하는 것이다. 카메라의 각도와 연기자의 소품으로 사용된 의상이나 조명 그리고 현장에서 사용된 여러 가지 장비들을 생각해 본다. 실제로 화면에 보이는 것과 보이지 않는 것이 있기 때문에 내가 촬영장에 있다는 생각을 하면서 상상력을 동원한다.

마지막으로 사전 제작 과정을 살펴본다. 기획과 관련된 내용으로, 기획단계에서는 장소 섭외, 시나리오 구조, 등장인물 캐스팅을 살펴본다. 먼저 내용을 분석한 다음 촬영 장소나 이야기의 흐름을 바꿔 보고 등장인물을 다시 캐스팅해 보는 것이다.

이렇듯 각 단계별로 분석하는 과정에서 영화가 어떻게 만들어지는지를 구체적으로 체험할 수 있다.


영화를 보고 극장을 나올 때는 여운이 남는다. 식당에서 맛있는 음식을 먹고 나면 요리사에게 고맙다는 인사를 한다. 요리에 관심이 있거나 음식을 만드는 사람이라면 레시피가 궁금할 것이다. 궁금한 사람은 질문도 하고 직접 만들어 보기도 한다. 영화도 마찬가지다. 짧은 영화라도 요리 레피시처럼 영상을 분석하는 과정이 필요하다. 순차적으로 영역별로 분석을 하다 보면 세밀한 부분까지 살펴볼 수 있다. 기술적인 부분뿐만 아니라 윤리적인 부분과 저작권에 관한 내용도 함께 고려한다.

제작에 앞서 영상을 분석하는 활동은 매우 중요하다. 시간이 부족하다면 10분 이내로 짧은 영상을 분석 다음 토론 과정을 거치면서 자료를 정리해 보는 것이다. 분석을 하고 나면 교사가 설명을 하지 않아도 어떤 내용인지, 어떻게 만들어야 하는지 판단이 선다. 또 토론 과정에서 다른 사람의 입장과 역할을 알기 때문에 제작 과정에서 조율과 협업이 가능하다.

영상 분석은 가능하면 쉬운 작품으로 선택하는 것이 좋다. 학생 작품이나 짧은 영상을 선택한다. 공통점과 문제점을 발견하기도 쉽기 때문이다. 분석 내용은 이야기의 구조와 메시지, 인물과 캐릭터, 음악과 효과음, 카메라의 프레임으로 나누고 모둠별로 서로 이야기를 나눠 보자.

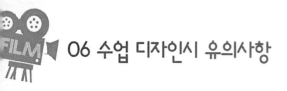
**제작 수업으로 가능한 것은?**
① 광고 패러디          ② 뮤직 비디오
③ 단편영화            ④ UCC

영상 제작 수업은 간단한 UCC부터 단편영화까지 다양하다. 또 학생들의 수준과 교사의 역량에 따라서도 그 내용이나 결과물이 달라진다. 그러므로 제작 수업 전에 몇가지를 확인해야 영상 제작 수업이 순로롭게 진행된다.

**첫째, 교육환경 지원이다**

야외 촬영의 경우 교내에서 이루어지는 경우라면 큰 문제가 없지만 학교 밖이나 외부 시설을 이용하는 경우 사전 협조와 함께 학생들의 안전을 도모해야 한다. 경우에 따라서는 공문을 시행해야 할 수도 있다. 또 촬영 장비의 이동이나 관리에 특히 주의해야 한다. 촬영에 필요한 소품, 소모품 구입, 발표회 규모에 따른 예산은 수업계획서에 포함한다.

### 둘째, 평가가 필요한 경우 다양한 방법으로 진행한다

제작은 모든 과정이 평가의 범위가 된다. 과정중심 평가 방법으로는 루브릭과 자기평가, 동료평가, 작품평가가 있다.

루브릭은 수업에 앞서 모둠을 구성하고 학생들 스스로가 기준표를 만들어서 어떤 내용을 평가하는지 사전에 인지하도록 하는 것이다. 자기평가는 체크 리스트나 보고서를 쓰는 것이며, 동료평가는 '가장 열심히 한사람은?'처럼 긍정적인 면을 강조하는 것이다. 작품평가는 모둠에 대한 평가로, 감상한 모든 사람들이 작품을 만든 모둠을 평가하는 것이다.

평가 시기에 따라 평가 방법도 다르다. 제작 전에는 제작계획서와 더불어 루브릭에 대한 안내를 하고, 제작 과정에는 자기평가와 동료평가를, 제작 후에는 작품평가를 통해 타당성과 신뢰도를 높인다.

완성된 영상을 평가할 때는 다음 세 가지로 구분한다. 먼저 창의성에서는 신선하고 주제나 정보가 정확한가를, 영상의 완성도에서는 기술적인 부분을 포함해서 완전한 작품인가를, 관객의 참여도에서는 관객이 영상을 보고 얼마나 공감하고 재미를 느끼는가, 참여자의 호응이 좋은가를 기준으로 평가한다.

### 셋째, 역할분담이다

역할에 따라서는 제작 초반부에 할 일이 없다가 제작 막바지에 혼자 작업하는 학생도 있을 수 있다. 역할이 없는 사람은 다른 일에 관심이 없고 수업 중 딴짓을 하게 된다. 이런 상황을 방지하기 위해서는 담당자와 도우미 등 두 가지 역할을 부여하는 것이 좋다. 물론 전체가 협력하겠지만 내용에 따라서는 점검이 필요한 부분도 있기 때문에 책임감을 가지고 참여할 수 있다.

### 넷째, 교사와 강사의 협력이 필요하다

제작 수업의 경우 외부강사를 지원받을 때가 종종 있다. 외부강사는 전문성을 가지고는 있지만 학교 상황을 잘 모르기 때문에 교사는 외부강사에게 적절한 교육환경을 지원할 의무가 있다. 교사는 수업내용에 직접 관여를 하지 않더라도 수업 중 발생할 수 있는 사안에 대한 책임과 촬영 장비, 와이파이, 컴퓨터, 교실관리 등 수업환경을 지원하는 역할을 해야 한다. 최근 문화예술교육진흥원, 각종 문화재단, 미디어센터 등 공공기관에서 외부강사가 파견되는 경우가 많고 자유 학기제나 마을 경합형 학교인 경우 교육과정이 탄력적으로 운영되고 있다. 결국 외부강사와 교사의 협력관계에 따라서 교육의 질이 달라질 수 있다.

### 다섯째, 교육과정 재구성이 필요하다

교육과정에서 제시한 핵심역량과 교과별 핵심역량을 고려해서 교육과정을 구성한다. 제작 수업은 통합교과의 성격을 가지고 있다. 이야기는 국어과나 사회과의 교육내용과 관련이 있다. 제작은 실과나 기술교과에서, 디자인이나 색과 소품은 미술교과에서, 배경음악이나 소리는 음악교과의 역량을 참고하여 성취기준을 완성한다.

### 여섯째, 외부활동에 참여하는 경우 학생, 학교 모두와 협의한다

영상 관련 대회가 점점 늘어나고 있다. 수업 중 수행평가를 시작으로 계기교육과 교내행사, 교육청 대회 그리고 외부기관에서 주최하는 대회의 종류가 많다. UCC 제작 과정에서 주의해야 할 점은 학생들의 초상권이나 사용된

자료에 대한 저작권과 관한 내용이다. 학교에서 교육용으로 제작된 경우는 큰 문제가 없지만 외부로 출품하는 경우는 조금 다르다. 출품작의 모든 저작권에 대한 책임은 응모자에게 있다. 또 주최 측에서는 간혹 영상에 대한 소유권이나 저작권 지적 재산권에 논의가 없거나 전체를 양도한다는 내용이 있는 경우는 주의해야 한다. 재편집해서 활용하거나 다른 목적으로 활용할 가능성이 있기 때문이다. 이런 경우에, 엄밀히 말한다면, 학생들이 만든 작품이 수상작으로 결정되는 순간 학생들은 권한이 없기 때문에 상영할 수가 없다. 그러므로 가능하면 공동 소유가 가능한지 확인이 필요하다.

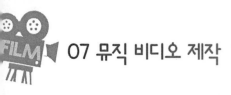

# 07 뮤직 비디오 제작

**수업주제**

뮤직비디오 따라하기

**수업배경**

뮤직 비디오는 학생들이 즐겨보는 영상이다. 스마트폰이나 디지털 기기를
활용해서 기존의 뮤직 비디오를 재구성해 본다. 영상 제작에 경험이 없는 학
생들이 영상을 이해하는 데 도움을 준다. 블록타임이나 2차시 내외로 간단하
게 수업을 할 수 있다.

**수업목적**

• 뮤직 비디오를 감상할 수 있다.

• 제작 과정을 체험할 수 있다.

**1차시 – 뮤직비디오 감상과 계획**

• 뮤직 비디오를 감상한다.

| 볼빨간 사춘기 뮤직 비디오– 여행 | 뮤직 비디오 감상 |
|---|---|
| https://youtu.be/xRbPAVnqtcs | https://youtu.be/_n8ATpxIWGA |
|  |  |

• 원곡 뮤직 비디오 원곡을 감상한 다음 학생들이 제작한 뮤직 비디오를 함께 감상한다.

• 두 곡을 감상한 다음 차이점이 무엇인지, 어떻게 만들어진 것인지 함께 이야기를 나눈다.

• 뮤직 비디오로 만들 노래를 선정한다.

• 학생들이 좋아하는 노래, 만들고 싶은 노래를 먼저 추천하고 논의를 거쳐 곡을 정한다. 노래는 가사 내용이 쉽고 모두가 알고 있으며 그림으로 표현이 가능한 곡을 정한 다음 함께 들어 보고 결정한다.

• 음원은 포털 사이트에서 직접 구매하는 방법을 소개하고 학생이 직접 구매가 어려운 경우 교사가 도움을 준다.

### 2차시 - 뮤직 비디오 제작하기

• 역할을 나눈다.

• 선정한 노래 가사를 프린트한 다음 원하는 부분을 가위로 잘라서 원하는 부분을 선택한다. A4 용지에 가사를 먼저 옮겨 적은 다음 가사에 맞는 그림을 그리고 색칠한다. 반복되는 부분(후렴구)은 한 사람이 그린 내용으로 사용한다.

| | |
|---|---|
| 저 오늘 떠나요 공항으로<br>핸드폰 꺼 놔요 | 제발 날 찾진 말아줘<br>시끄럽게 소리를 질러도 |

• 그림 안에는 그린 사람의 이름을 표시한다. 가사가 긴 노래는 편집할 때 순서가 바뀌는 경우가 있어서 그림에 숫자를 넣고 그린다.

• 완성된 그림은 순서대로 스마트폰을 활용해서 촬영한다.

• 촬영한 사진이 순서대로 있는지 확인한다.

### 3차시 - 뮤직 비디오 완성하기

• 무료로 사용할 수 있는 앱을 플레이스토어에서 다운받아 사용한다. 키네마스터는 사용법이 간단하기 때문에 수업 중간에도 쉽게 배울 수 있다. 먼저 간단한 활용법을 익힌 다음 개별적으로 뮤직 비디오를 제작한다.

• 편집과 공유를 한다.

• 음원에 맞게 사진의 길이를 조정한 다음 파일을 완성한다. 완성된 파일은 유튜브에 탑재를 하고 SNS에 공유한다.

• 유튜브에서 뮤직 비디오를 감상하고 친구의 작품에 댓글을 달아 준다.
• 만드는 과정에서 느낀 점을 나눈다.

# 08 UCC 만들기

**수업주제**

우리들의 UCC

**수업배경**

영상 제작에 관심이 많고 진로를 고민하는 학생들에게 도움이 된다. 또 방과후학교나 자유 학기제 수업은 교과수업과 달리 탄력적으로 운영이 가능하기 때문에 UCC 만들기가 가능하다. 사진이나 동영상 촬영 경험을 살려 영상문법을 이해하고 UCC를 완성한다. 10차시로 구성하였으나 상황에 따라서 조정이 가능하다.

## 수업목적

- 디지털 기기를 이용하여 영상을 제작할 수 있다.
- 주제에 적절한 내용을 창의적으로 구성할 수 있다.

## 1차시 – 안내와 감상

- 모둠구성, 평가방법, 제작 과정, 활동내용 등 수업 전반에 대한 안내를 한다. 평가 기준은 교사가 제시하지만 학생들이 수정할 수 있도록 한다.
- 샘플 영상을 감상하면서 제작 과정을 이해한다. 모둠원이 사운드, 화면 구성, 이야기 등 영역별로 나누어 분석하고 토론한다.

## 2차시 – 계획서와 스토리 구성하기

- 제작계획서를 작성한다. 여기에는 기획의도, 주제, 영역, 이야기 구성을 포함하여 연출, PD, 촬영, 편집, 소품을 담당하는 스태프와 연기자로 역할을 나눈다.
- 스토리는 전체적인 틀을 완성하고 스토리를 구성하고 또 모든 과정을 기록하는 역할도 필요하다.
- 모둠원이 함께 시나리오를 완성하고 캐릭터가 많은 경우 PD는 주변사람들을 섭외한다.

## 3차시 – 사전 교육

- 영상문법을 이해하고 촬영 실습을 모두 함께한 다음 개인별로 촬영에 필요한 장비와 준비물을 점검한다.
- 작가와 연기자는 콘티를 작성하고 연기연습을 한다.

### 4차시 – 제작 준비

• 스태프는 역할과 준비물을 확인하고 부족한 경우 대안을 마련한다.

• 촬영 일정표와 장소를 확인하고 연기자는 콘티에 따라서 연기연습을 하면서 내용을 보완한다.


### 5~6차시 – 촬영

• 촬영 일정표에 따라서 촬영을 하지만 시작 시간과 종료 시간을 최대한 지킬 수 있도록 노력한다.

• 촬영한 파일은 저장장치에 옮겨서 이상이 없는지 확인한다.


### 7~8차시 – 편집

• 이야기에 맞게 순서대로 배열하고 내용을 확인한다.

• 부족한 부분은 보충촬영을 한 다음 음악과 CG를 삽입한다.

• 편집할 때는 항상 저장이 잘 되고 있는지 확인하고 원본은 복사본을 만들어 별도 보관한다.

• 편집과정에서 음악 저작권에 대한 내용을 설명하고 다른 작품을 만들 때도 주의하도록 안내한다.


### 9차시 – 상영과 공유

• 완성된 영상을 함께 감상한다.

• 영상은 보면서 느낀 점을 함께 나누고 영상을 친구들에게 공유한다.


### 10차시 – 제출하기

• 수행평가를 실시하고 과제물을 제출한다.

개별평가

— 보고서 내용이 성실한가?

— 어떤 사람이 가장 열심히 참여했는가?

— 활동보고서를 제출했는가?


모듬평가

— 주제가 정확한가?

— 촬영과 편집의 완성도는 어떠한가?

— 창의적인가?

— 오락적인 요소가 있는가?

**수업주제**

나의 역사와 사회사 이어 보기


**수업배경**

촬영한 사진이나 영상을 수업에 어떻게 활용할 수 있는지, 정보를 활용하고 가공하는 수업이다. 그동안 촬영했던 사진을 활용해서 나의 이야기를 만들어 보고 내가 어떤 시대에 살아가고 있는지 주변을 살펴본다.

**수업목적**

- 스마트폰으로 나의 역사를 만들 수 있다.
- 다양한 사회의 모습을 찾을 수 있다.

**1차시 – 사진 배치하기**

- 태어난 해와 돌잔치, 유치원, 초등학교, 중학교 순으로 사진을 배치하고 사진에 대한 정보를 기록한다.
- 사진에 대한 정보뿐만 아니라 당시의 느낌이나 감정 그리고 다른 기억들도 함께 적어 본다. 혼자 찍은 사진보다는 정보가 담겨 있거나 사람들과 어울려 찍은 사진이 좋다. 살았던 마을이나 친구들에 대한 정보를 간단하게 정리한다.

**2차시 – 시대별 자료 조사**

- 검색을 통해서 비슷한 시기의 사건이나 사회의 문제들 혹은 관심 있는 사건들을 사진과 함께 정리한다.

**3차시 – 자료 배치하기**

- 유치원 사진–시대적 사진–초등학교 사진 등 시간의 흐름에 따라 사진을 배열한다.
- 사진에 대한 '설명 원고'를 정리해 놓는다.

**4차시 – 녹음하기**

- PPT(삽입–미디어–오디오–녹음) 기능을 활용해서 '설명 원고'를 녹음한다.

- 각각의 사진에 나레이션을 삽입한 후 파일-내보내기-비디오 만들기를 하면 동영상이 완성된다.

## 5차시 - 감상과 공유하기

- 영상을 감상한다.
- 완성된 영상을 함께 감상하면서 궁금한 점이나 발표자가 영상에서 못한 이야기를 나누는 시간을 갖는다.


유의사항

시대적 사진 대신 가족사진이나 결혼식 사진을 활용하는 방법도 있다. 매년 가족의 이야기를 담을 수 있고 결혼식 사진에는 많은 이야기가 숨어 있다. 예를 들면 가족관계도를 설명하거나 태어나고 돌아가신 분들의 이야기를 담을 수 있기 때문에 가족의 역사를 써내려 가는 방법도 있다. 또 과거뿐만 아니라 현재 미래를 이어서 영상 자서전으로 써 보는 방법도 가능하다.

| 구분 | 돌 사진 | 유치원 | 초등학교 | 중학교 |
|---|---|---|---|---|
| 내 사진 | | | | |
| 사진정보 | | | | |
| 시대사진 | | | | |
| 사진정보 | | | | |

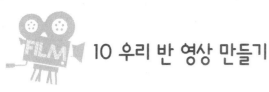

# 10 우리 반 영상 만들기

**수업주제**

우리 반 졸업영상 만들기

**수업배경**

학년 말 진도가 끝난 이후 학교생활을 정리하는 활동이다. 그동안의 활동을 기록하고 공유하는 의미에서 영상을 제작한다. 또 시간적인 여유가 있기 때문에 활동이 가능하다.

**수업목적**

- 기억에 남는 일을 영상으로 만들 수 있다.
- 다양한 촬영, 편집기술을 활용할 수 있다.

**1차시 – 촬영계획서**

- 방향 설정하기 : 제작 방향은 촬영계획서에 맞게 모든 사람이 함께 참여하며 주제, 시간, 내용, 만드는 방법, 줄거리를 작성한다.
- 역할 나누기 : 스태프는 연출, 소품, 촬영, 편집, 자료수집, 메이킹 필름 등으로 역할을 나눈다. 연기팀은 줄거리를 정리해서 시나리오로 완성하고 배역을 정한다. 완성된 시나리오는 모든 학생이 함께 읽어 본다.
- 참고사항 : 학교행사 사진, 수업시간 사진, 친구나 선생님이 보관하는 자료를 수집한다.
- 인터뷰에 필요한 질문지 작성 후에 전달한다.

**2차시 – 촬영하기**

- 준비하기 : 스태프는 촬영 순서를 정하고 연기팀은 시나리오에 맞게 동작과 대사 리허설을 한다.
- 촬영하기 : 스태프는 사전에 다양한 각도에서 촬영해 본 다음 본 촬영을 한다. 연기팀은 시간을 정해 놓고 끝낼 수 있도록 하며 인터뷰는 약속을 정하여 촬영시간과 겹치지 않게 조정한다.
- 참고사항 : 촬영 순서를 정할 때 섭외가 어려운 식당이나 매점을 먼저 촬영하고 교실은 마지막에 한다. 식당, 교장실, 운동장 등 학교공간을 다양하게 활용한다. 촬영 전에 메모리 용량을 점검하고 촬영 후는 영상을 확인하고 따로 보관한다. 특히 소리가 녹음되었는지 확인한다.

## 3차시 - 편집하기

- 자료 준비 : 수집한 자료, 촬영 영상, 인터뷰 자료, 메이킹 필름을 확인하고 컴퓨터로 옮긴다.
- 편집과 공유 : 가편집본을 함께 점검한 후 2차 편집을 한다. 완성본을 함께 감상하고 공유한다.
- 참고사항 : 편집 중간에 수시로 저장을 하고 원본 파일은 다른 곳에 백업해 놓는다. 영상을 어떻게 쓸 것인지 함께 의논한다.

## * 졸업영상이 주목받으려면

- 첫 장면은 강한 인상을 줄 수 있도록 효과를 사용한다.
- 소감 인터뷰, 나래이션, 행사 사진 다양한 포맷과 스토리텔링 형식으로 구성한다.
- 메이킹 필름이나 NG 장면을 넣는다.
- 참가한 모든 학생들의 이름을 자막으로 넣는다.
- 안정감을 위해서 삼각대 사용을 권장하며 필요한 경우 셀카봉이나 액션캠이 있는 경우 활용한다.
- 여러 장소에서 촬영한다.
- 배경음악은 함께 노래를 불러서 녹음 자료로 삽입한다.

# 11 유튜브 살펴보기

다음 QR은 어떤 내용일까?

https://youtu.be/jNQXAC9IVRw

유튜브 창업자 중 한 사람인 jawed Karim이 동물원에서 찍은 영상을 올린 것이 유튜브의 출발이다. 스마트폰만 있으면 유튜브와 연결은 자연스럽게 이루어진다. 스마트폰 하나면 촬영부터 편집과 공유까지 한꺼번에 가능하다. 스마트폰에 최적화된 유튜브는 전 세계를 이어 주는 동영상 플랫폼으로 접속하는 순간 또 하나의 세계가 열린다.

사람들이 유튜브를 찾는 이유는 크게 3가지다.

**첫째, 짧은 시간 동안 즐긴다**

쉬는 시간, 대기시간, 버스 타는 시간, 잠깐의 휴식시간 혼자 있는 시간은 이렇다 할 놀이가 없다. 또 우울할 때 재미있는 영상은 기분 전환을 할 수 있다. 둘째, 원하는 정보를 얻는다. 예를 들어 운동복에 고무줄을 넣는 방법이 궁금할 때 유튜브를 검색을 하면 자세하게 나온다. 아주 쉬운 정보부터 역사적 사실을 암기하는 방법 그리고 자동차 수리하는 법처럼 고급정보도 쉽게 얻을 수 있다. 셋째, 제작자와 소통을 한다. 제작자는 새로운 콘텐츠를 지속적으로 업로드하고 소비자는 구독과 좋아요. 댓글, 채팅을 통해 BJ와 소통을 한다.

## 유튜브 콘텐츠는 다양하다

유튜브 순위(랭킹)정보를 보면 다양한 장르가 있다.(http://cchart.xyz) 게임, 요리, 공부, 패션, 먹방 음악, ASMR, 키즈, 동물 자동차 등 20여 개 이상으로 구분한다. 우리나라의 경우 장난감을 소개하는 방송이 가장 인기가 있으며 유튜브 전체 채널로 볼 때는 음악 분야의 조회 수가 가장 높다. 그러나 순위는 실시간으로 바뀌기 때문에 고정된 것은 아니다. 유튜브 채널은 개인뿐만 아니라 방송국이나 기관 기업에서도 운영하고 있다. 개인방송의 경우 수익창출을 위해서 콘텐츠를 제작하는 경우가 대부분이지만 기관의 경우는 정보제공이나 홍보에 활용하고 있다. 최근 유튜버 크리에이터가 인기를 끌면서 미래의 직업으로 관심을 받고 있지만 현재는 연간 4,000시간과 1,000명의 구독자 이상을 확보해야 수익을 창출할 수 있으며 이중 상위 1%만이 안정적인 수입을 올리고 있다.

### 개인 채널의 유튜브 영상은 기존 영상과 차이가 있다.

첫째, 상영시간이 10분 내외가 가장 많으며, 보통 한 가지 정보만 담는 경우가 많다. 정보가 많은 경우에는 시리즈로 제작하는데, 영상 속도를 빠르게 돌리는 타임랩스(time lapse) 기법을 종종 사용한다.

둘째, 자막을 많이 사용한다. 사운드를 듣지 못하는 환경도 있다. 예를 들어 지하철이나 사람 많은 곳에서 혹은 이어폰이 없는 상황에서는 시청하기 어렵다. 그렇지만 자막은 쉽게 알아볼 수 있고 시각적인 효과와 재미를 더하기 때문에 자막은 선택이 아닌 필수다.

셋째, 스마트폰 환경에 맞춘다. 제작단계부터 화면 비율이나 파일 크기 그리고 사운드 환경과 자막의 가독성을 스마트폰에 맞게 조정한다. 유튜브 영상은 정보 전달이 주된 목적이므로 대형 스크린이나 모니터를 기준으로 하는 기존 영상처럼 세밀하지는 않아도 된다.

넷째, 1인 제작 시스템이다. 기획사에 속한 BJ도 있지만 대부분은 1인 방송 시스템으로 운영한다. 혼자서 기획과 촬영 편집을 모두 하기 때문에 가능하면 쉽고 간단한 환경을 선호한다. 그래서 실내 촬영이 많고 카메라를 고정하고 클로즈업을 많이 한다. 실시간 생방송을 하는 경우 채팅창을 녹화해서 재구성할 때도 있다.

## 유튜브를 수업에 활용한다면?

교사가 유튜브를 수업에 활용할 경우 개인 수업자료를 제작하거나 브랜드 계정을 만들어 여러 사람이 관리할 수 있다. 개인자료에는 수업자료를 제작하고 정리하며 브랜드 계정에는 교원학습 공동체, 연구모임 등 공용자료로 사용한다. 학생이 활용하는 경우 수행평가 자료제작, 진로지도 관련 정보, 내게 맞는 수업자료, 학습방법과 같은 자료로 채널을 만들 수 있다.

## 교사가 채널을 공개적으로 운영한다면?

교사는 많은 사람들과 공유할 수 있는 콘텐츠를 가지고 있다. 교과 전문성, 생활지도, 진로지도 등 다양하다. 또 개인적인 동아리 활동이나 연구 경험을 콘텐츠로 구성할 수 있다. 콘텐츠가 좋아서 조회수나 구독자가 많아지더라도 광고를 달지 않으면 수익과 아무런 관계가 없다. 수익이 발생할 경우에도 규정을 준수하면 된다. 영상 콘텐츠의 저작물을 통한 수익은 출판사에서 책을 발행하고 지급하는 인세와 같은 개념으로 볼 수 있으며 수익금을 공익목적으로 사용하는 방법도 있고 학교장의 겸직허가를 받으면 정식으로 채널 운영도 가능하다.

# 12 유튜브 따라하기

유튜브를 어떻게 할까? 라는 고민을 하기 전에 일단 가장 쉬운 것을 하다 보면 다음 단계로 이어진다. 스마트폰에는 현장연수나 교원학습 공동체 활동 자료가 종종 있다. 교직원 현장연수 자료를 제작 과정 따라하기를 통해서 간단한 영상을 공유해 보자.

### 1. 채널 만들기 https://youtu.be/xBmxrCR6H08

유튜브 채널을 개설하기 위해서는 구글 계정이 필요하다. 안드로이드 폰을 사용하는 경우 구글 계정이 있으며 구글은 유튜브와 연동되기 때문에 자동적으로 채널이 생성된다. 크롬브라우져에서 구글에 로그인을 한 다음 유튜브로 이동한 후 채널을 개설한다. 스마트폰에서는 유튜브에서 바로 채널을 개설할 수 있지만 주의사항이나 정보를 얻는 것은 PC 환경이 편리하다.

## 2. 기획하기

영상 제작을 취미로 하는 경우도 있지만 대부분은 수업자료, 행사자료, 연수자료등 업무 관련 자료를 만들기 시작하면서 영상과 접하게 된다. 영상을 만들기 전에 제작에 필요한 내용을 정리한다. 교직원 현장 연수자료는 수업이나 공개 자료가 아니기 때문에 영상을 어떻게 구성할 것인가, 무엇을 찍을 것인가를 간단하게 메모한다.

## 3. 촬영하기

일단 자료가 많아야 편집에 도움이 된다. 셀카봉을 준비하고 스마트폰 저장 메모리를 확인한다. 사진으로는 정보를 담고 동영상은 느낌을 담는다. 사진은 출발 전 연수 일정표, 명찰, 연수차량, 답사지 표지판, 식당 간판, 식사 메뉴판, 숙박지, 행사장면 등 일정표 정보를 담는다. 주변의 식물이나 특색 있는 사물, 풍경 등을 촬영해 두면 편집을 하는 데 유용하게 쓰인다. 동영상은 버스 안의 표정, 식사 장면, 이동하는 모습, 사진을 촬영하는 모습, 활동장면 등은 생동감 있는 모습을 담는다. 셀카봉은 다양한 연출도구로 사용한다.

## 4. 편집하기

스마트폰 편집 어플 키네마스터를 사용한다. 스마트폰 화면이 작아서 편집이 불편한 경우 모비즌 프로그램을 USB 케이블로 연결하면 PC에서도 편집이 가능하다. 일단 제목을 정하고 시간 순으로 사진과 영상을 배열한 다음 앱에서 제공하는 배경음악을 깔고 완성한다. '교직원 현장연수'처럼 딱딱한 제목보다는 재미있는 제목을 붙이고 부제목으로 교직원 현장연수를 적는다. 적당한 사진이 없는 경우 연수에 참여한 사람들에게 사진을 요청해서 활용한다.

| 제목 2019 다시 봄 -교직원연수 | 연수 일정표 출발장소 | 지나가는 차창풍경 | 연수원 도착 입소식 | 활동모습 | …… | 참가자 이름 개인사진 단체사진 제작자 이름 |
|---|---|---|---|---|---|---|
| | 정보 (사진) | 느낌 (동영상) | 정보 (사진) | 느낌 (동영상) | | |

### 5. 완성하기

편집 순서를 확인하고 스마트폰에서 영상을 완성한다. 완성된 영상은 메일, SNS, 클라우드 등으로 다양하게 공유할 수 있다. 그렇지만 데이터가 많이 소모되기 때문에 유튜브에 올린 다음 링크를 여러 사람과 공유하는 것이 편리하다.

### 6. 공유하기

유튜브에 올릴 때 가장 중요한 것은 공개 범위를 선택하는 것이다. 공개는 모든 사람이 볼 수 있고, 비공개는 나의 계정으로 접속해야만 볼 수 있고, 미등록은 링크를 알고 있는 사람만 볼 수 있다. 연수 자료나 수업용 자료는 필요한 사람만 볼 수 있도록 미등록으로 한 다음 SNS로 링크를 공유하면 된다. 파일이 아닌 URL이기 때문에 데이터를 걱정하지 않아도 되고 필요한 경우 다운 받아서 저장도 가능하다.

## 7. 참고하기

일단 유튜브에 올라간 자료는 삭제되지 않기 때문에 언제라도 재생이 가능하다. 영상에 저작권이 있는 폰트나 음악이 포함되는 경우 저작권 위반사실이 통보된다. 처음부터 무료를 사용하는 것이 가장 안전하지만 그렇지 않은 경우가 있기 때문이다. 사실 유튜브에 올라오는 콘텐츠 중 저작권을 침해하는 자료가 많다. 그렇지만 반대로 생각하면 유튜브를 통해서 홍보를 하는 것이 효과적이기 때문에 저작권자와 공생관계를 유지하는 것이다. 유튜버가 법적 책임을 피하기 위한 방법은 원 저작자에게 허락을 받는 것이며(저작권법 제46조) 인용(제28조)이나 공정한 이용(제35조)에 맞게 사용하는 것이다. 이때 원 저작자의 정당한 이익을 부당하게 해치지 않거나 출처를 밝히는 것은 저작물을 안전하게 이용하는 방법이다. 동영상은 파일이 크기 때문에 관리가 불편하고 어디에 두었는지 생각이 나지 않을 때가 많다. 이런 파일을 유튜브에 올려 놓으면 관리와 공유가 편리하다. 특히 수업자료를 정리해서 올려 놓으면 언제라도 사용할 수 있기 때문에 많은 도움이 된다. 이런 형태로 수업자료를 만들어서 올려 놓으면 다양하게 사용할 수 있다.

# 5

# 영화 활용수업

수업지도안 및 활동지 다운받기

# 01 영화 활용수업 전에

영화를 수업에 활용하는 사례가 늘어나면서 저작권법 등에 대한 문의는 어쩌면 자연스럽다. 영화를 단순한 감상의 용도가 아니라 수업에 활용할 때 유의해야 할 사항에 대해 알아보자.

### 영화를 수업에 사용해도 되는가?

요즘에도 이런 질문을 하는 사람이 있을까? 지금은 전자 교과서뿐만 아니라 많은 수업자료가 영상으로 보급되고 있다. 이를 뒷받침하는 데는 몇 가지 규정이 있다.

초중등교육법 시행령 제48조(수업운영 방법 등)
방송 프로그램과 원격수업 등 정보통신 매체를 수업에 활용할수 있다.

저작권법 제25조(학교교육 목적 등에의 이용)
수업 또는 지원 목적상 필요하다고 인정되는 경우에는 공표된 저작물
의 일부분을 복제 · 배포 · 공연 · 전시 또는 공중송신할 수 있다. 다만,
저작물의 성질이나 그 이용의 목적 및 형태 등에 비추어 저작물의 전부
를 이용하는 것이 부득이한 경우에는 전부를 이용할 수 있으며 이때 보
상금은 지급하지 아니한다.

위 규정에 근거하여 수업시간에 영상물을 활용할 수 있으며 저작권의 일
부 또는 전체를 사용하는 데 보상금을 지급하지 않고도 사용이 가능하다.

### 영화를 몇 번 보고 수업을 해야 할까?

기본적으로 세 번은 봐야 한다. 첫 번째는 즐기면서 영화를 본다. 수업에
활용한다는 생각은 잠시 미루고 관객의 입장으로 영화에 빠지다 보면 재미
를 느낄 수가 있다. 두 번째 볼 때는 평론가의 입장에서 영화를 분석하면서
딴지를 걸어 보면서 본다. 마지막에는 교사의 입장에서 어떤 장면을 수업에
활용할 것인가를 고민하면서 본다.

영화 전체를 보여 주고 수업을 한다면 가장 이상적이겠지만 시간이 허락
하지 않는다면 어떤 부분을 보여 줄 것인가를 선택해야 한다. 수업시간을 고
려해서 필요한 내용을 정하고 구조화하는 것이다.

## 눈높이를 어떻게 맞출까?

학생들의 수준을 고려해야 한다. 발달단계에 따라서 사고능력도 다르다. 저학년의 경우 주제가 명확한 내용의 영화나 애니메이션을 선정하는 것이 좋다. 학년이 높아질수록 열린 구조나 메타 분석이 요구되는 영화를 선택한다. 청소년의 경우 이성이나 진로에 관련된 성장영화에 관심이 많다. 이런 과정을 통해서 나와 사회를 배우며 성찰할 수 있는 기회도 마련한다.

## 교육과정 재구성은?

영화에 초점을 맞출 것인가, 교과에 초점을 맞출 것인가를 먼저 생각한 다음 교육과정을 구성한다. 영화를 기준으로 하는 경우 예술처럼 통합교과 형태로 다양한 관점에서 교육과정 구성이 가능하다. 교과를 기준으로 하는 경우 교과별 학생역량과 성취기준을 고려해서 교육과정 재구성을 재구성한다.

또한 수업형태는 다양하다. 2시간으로 진행하는 블록타임 형태수업, 교과 연계수업, 계기교육, 방과후학교 등 여러 가지 형태다. 그러므로 어떤 수업에 활용할 것인가, 몇 시간을 할 것인가를 고려해야 한다.

## 수업에 적절한 영화는?

인종이나 정치, 종교, 지역적 색체가 강한 내용은 배제하고 모든 사람이 공감할 수 있는 내용으로 선정한다. 또 언어나 표현이 한쪽 방향으로 기울이지 않고 균형감각을 가지는 내용이면서 관람 등급이 적절한지 검토해야 한다. 관람등급은 주제, 선정성, 폭력성, 대사, 공포, 약물, 모방위험 등 7가지 기준으로, 전체 관람가, 12세 관람가, 15세 관람가, 청소년 관람불가 등 4가지로 제시한다.

### 영화에 대한 평점은?

영화를 평가할 때 관객은 특정시점이나 관점에 초점을 맞추지만 비평가는 영화 전체의 균형을 보고 평가를 한다. 보는 기준이 다르기 때문이다. 또 배경지식이 다르기 때문에 평가기준이 달라질 수 있다. 관객의 평점이 높지만 비평가의 평점이 낮을 수 있고 반대인 경우도 있다. 영화를 보는 것은 내가 보는 것으로 평가는 상대적이며 주관적인 의미가 강하다.

그렇다면 교사는 어떤 기준이 필요할까? 바로 교육적인 시선이 필요하다. 관객의 시선은 흥행으로 이어지고, 평론가의 시선은 작품성이다. 교사의 시선은 교육적인 효과가 있는지 없는지를 판단해야 한다. 학생을 잘 아는 사람을 그 수업을 담당하는 교사다. 그러므로 흥행이나 작품성 기준과는 다르게 교사만이 가질 수 있는 평가기준이 있어야 한다.

### 영화수업은 어디까지 확장이 가능한가?

영화수업을 하면서도 여러 영역으로 확장이 가능하다. 소설이 영화가 된 경우, 역사적 사실과 영화 속 이야기, 영화가 연극이나 뮤지컬로 제작된 경우 서로 다른 장르를 비교해 본다. 하나의 콘텐츠가 어떤 과정을 거치면서 OSMU(one source multi use)가 되는지도 살펴본다. 또 영화 속 정보를 통해서 역사, 지리, 여행, 음식, 정치 등 다양한 자료 구성이 가능하다.

# 02 ALIKE

## 주문과 직업윤리가 창의성을 질식시키는 사회

김해동한빛맹학교

오늘도 학생들의 등굣길은 회색빛이다. 어깨를 짓누르는 책가방을 메고 학교에 오는, 꿈을 잃어버린 아이들을 바라보는 일은 교사로서 힘겨운 일상이다. 그때마다 자신의 일상에 대해 학생 스스로 생각하는 기회가 주어진다면 얼마나 좋을까 생각했다. 그때 발견한 애니메이션이 바로 〈ALIKE〉다.

이 영화를 통해 자신의 모습을 돌아보고 본인의 삶에 비추어 생각해 보도록 하고 싶었다. 또한 어른들의 일상 또한 학생들과 크게 다르지 않다는 것을, 때문에 서로를 위하고 사랑해 주어야 한다는 메시지를 영화를 통해 전달하고 싶었다.

학생들은 책가방을 어깨에 메고 등교하고, 어른들은 정장 차림에 서류 가방을 들고 출근하는 모습들을 많이 본다. 나 또한 그러한 일상에 대한 반성 없이, 돌아보지 못한 채 매일 똑같은 일상을 반복하고 있다. 영화를 보는 내내 내 모습을 보고 있는 착각에 빠져든다. 마치 거울 속의 내 모습을 보는 것 같다. 영화 〈ALIKE〉가 많은 사람들로부터 공감을 얻는 이유일 것이다.

이 영화는 대사가 없는 짧은 애니메이션이다. 색, 캐릭터, 음악만으로 구성되어 있어 여러가지 생각을 불러일으키게 한다.

## ALIKE

감독 라파엘 카노 멘데즈, 다니엘 마르티네즈 라
라 개봉 2015년 상영시간 8분

애니메이션은 학생들이 매우 좋아하는 장르일 뿐만 아니라 학생들의 흥미
와 집중을 이끌어 낼 수 있다. 더구나 이 영화는 상영시간이 5분에 불과한 단
편 애니메이션이라서 학생들이 지루해 하지 않을 뿐만 아니라 주제를 파악
하기 쉽다. 그러므로 이야기를 변형하여 자신의 이야기로 만들기도 쉽다. 긴
영화 등은 내용을 정리하고 요약하기가 어렵지만, 단편 애니메이션은 자신
의 이야기로 편집하기가 용이하다.

학생들에게 이 영화를 두 번 보여 주었는데, 처음에는 그냥 보도록 했고,
두 번째는 같거나 비슷한 것을 찾아보라고 했다. 학생들은 첫 번째 본 영화
의 느낌과 두 번째 본 영화의 느낌이 다르다고 했다. 처음 보았을 때는 보통
아이와 아버지의 관계만을 이야기했지만, 두 번째 보았을 때는 주변 인물들
과의 관계, 사회 속에서 벌어지는 일에도 관심을 표현했다.

## 영화 줄거리

파란색 몸의 아버지가 책을 챙겨 아이 가방에 넣어 주고 있다. 이들이 사는 도시 사람들의 모습은 모두 회색이다. 그 중 나무 밑에 바이올린을 연주하는 사람이 있다. 아이는 아빠와 학교에 가다가 바이올린을 연주하는 사람에 흥미로워 한다. 아빠는 직장으로, 아이는 학교로 가서 자리에 앉는다. 아빠는 다른 사람들과 함께 일을 한다. 아이는 수업 시간에 아침에 봤던 바이올린을 그린다. 아빠는 퇴근 시간에 아이와 반갑게 만난다. 아이와 포옹을 하자 회색 몸이 파란색으로 변한다.

아이는 학교에서 바이올린을 그린 그림을 보여 주지만 아빠에게 혼난다. 아이의 모습이 점점 회색으로 변한다. 아이는 더 이상 바이올린을 연주하는 사람을 그리지 않는다. 그러자 아빠는 아이 마음을 이해하게 되고 바이올린을 연주하는 사람이 있던 나무 밑으로 가지만 연주하는 사람은 사라진 후다. 아빠는 고민하다가 실망한 아이를 위해 자신이 나무 밑에서 바이올린 연주자의 모습을 흉내 낸다. 그러자 아이도 기뻐하며 몸의 색이 다시 돌아오고, 아빠와 아이가 서로 포옹을 한다.

## 영화평

이 영화는 색에 대한 정보, 닮은 점, 행동 관찰을 통해 이야기 내용을 알 수 있다. 따라서 아이의 모습과 아빠의 모습에서 닮은 점과 다른 점을 찾아 보는 것은 영화를 이해하는 데 효과적이다. 색에 대한 편견일 수 있지만 회색은 우울함을 상징한다. 아이는 주황색, 아빠는 파란색을 띄고 있지만 피곤하거나 지치면 몸의 색이 회색으로 변한다.

주문과 직업 윤리가 사람들의 색채와 창의성을 질식시키는 사회에서 살고 있는 아버지와 아들의 관계에 대한 이야기다.

**교과 역량**

| | |
|---|---|
| 국어 | 비판적, 창의적 사고 역량 |
| 사회 | 비판적 사고력/ 정보 활용 능력 |
| 역사 | 현대의 모습 관찰 및 문제해결 능력 |

범교과 학습 주제

수업 전 영화 꿀팁

 이 수업 내용은 초등학교 4학년 이상부터 고등학생이 이르기까지 국어, 영어, 사회, 미술 등 교과, 학년 구분 없이 사회 모습을 이해하거나 관찰하는 수업에 적용 가능하다. 특히 색을 통해 메시지를 전달할 수 있다는 점에서 학생들이 내용을 쉽게 이해할 수 있다.

영화 체크리스트

| 영역 | 내용 | 확인 | | |
|---|---|---|---|---|
| | | 상 | 중 | 하 |
| 영화선정기준 | 학생의 발달단계와 흥미를 유발 | V | | |
| | 교육과정과 연계 | V | | |
| | 종교, 정치, 인종 편향적인 내용 | | V | |
| | 수업에 활용하기 쉬운 내용 | V | | |
| | 영화적 경험을 통해 주변과 소통 | V | | |
| 장르 | 애니메이션, 드라마 | | | |
| 인지도 | 관객 평점 9, 전문가 평점 9, 교사 평점 9 | | | |
| 관람등급 | 전체관람가 | | | |

관련 동영상

영화 전체가 8분이기 때문에 전체 내용을 보여 주는 것이 가장 좋다. 편집된 동영상은 QR코드로 확인이 가능하다.

https://www.youtube.com/watch?v=kQjtK32mGJQ&app=desktop

영화를 보기 전에

활동1　　　**장면으로 이해하기**

영화 중 중요한 장면을 정지 또는 캡처하여 제시한다. 무엇에 관한 내용인지 추측하게 한다. 색의 변화를 찾도록 한다. 파란, 회색, 주황색이 어떤 의미를 갖고 있는지 찾도록 한다.

파란색 -　　　　　　회색 -　　　　　　주황색 -
감정이 없이 차가움　우울하거나 피곤함　따뜻하며 생동감 있음

활동 2　　　**관점 이해하기**

주인공이 2명이 나온다. 아버지의 관점으로 바라볼 것인지? 자녀의 관점

으로 바라볼 것인지? 아니면 제3자의 입장에서 바라볼 것인지? 살펴보아야 한다.

활동지

자신의 생각을 1~2줄로 간단하게 작성하도록 한다. 나의 생각을 간단한 글과 그림으로 비주얼씽킹해 본다.

① 나의 색은 무슨 색인지 찾아보세요.

② 하루 중에 가장 행복한 시간은 언제인지 생각하고 표현해 보세요.

③ 하루 중에 가장 힘든 시간은 언제인지 생각하고 표현해 보세요.

④ 일상에 대해 위로할 부분이 있는지 찾아보세요.

 영화를 보면서

활동 1 　　　나의 삶과 비교하며 감상하기

① 아버지는 행동은 나쁜 것인가?

② 자식은 과연 나약한가?

③ 아이는 음악을 정말 연주하고 싶었을까?

④ 아주 비슷한(alike) 것은 무엇이 있을까?

활동 2 　　　달라진 영화 속 이야기 정리하기

① 아버지는 아이의 행동에 늘 칭찬한다.

② 아이는 공부만 한다.

③ 장소의 배경이 도시가 아니라 촌락이다.

④ 서로 차이가 많이 있는 캐릭터가 굉장히 많다.

이렇게 배경이나 여러 가지 상황이 달라질 때 이야기가 어떻게 전개될지 상상하며 작성해 본다.

 영화 감상 후

**활동 1**　　　　**영화 감상 후**

학생이 나의 삶의 모습과 〈alike〉에 나오는 아이와 어떠한 점이 비슷한지 찾아본다. 나의 삶 속에 모습이 영화 속 모습과 연관되어 있음을 알고 모둠의 학생들과 이야기한다. 부모님을 안아 드린 생각을 해 보고 언제, 무슨 이유로 포옹했는지 이야기한다.

**활동 2**　　　　**사회적 생각하기**

① 내가 아빠라면 아이에게 어떻게 했을지 생각해 보고 글과 그림으로 표현합시다.

② 내가 음악을 연주하는 거리의 악사라면 아이와 아빠를 어떻게 바라보았을지 생각하고 글과 그림으로 표현하고 이야기를 나누어 봅시다.

③ 나의 관점은 아빠를 부정적, 긍정적으로 보고 있는지 정리해 보고 이야기를 나누어 봅시다.

# 03 빨간 모자의 진실
## 진실을 보는 눈

최지원 서울경동초등학교

몇 년 전, 교실에서 도난 사건이 일어났다. 신학기가 막 시작된 교실에서 길동(가명, 중1)이가 새로 산 학용품을 잃어버렸다며 교무실로 찾아왔다. 아무도 없는 교실에서 길동이 책상 근처를 서성이는 성곤이를 보았다는 제보가 있었지만, 그 시각 성곤이와 함께 다른 곳에 있었다고 증언하는 친구가 나타났다. 난 길동이에게 다시 한 번 가방을 찾아보라고 했고, 길동이 가방에서 잃어버렸다던 학용품을 발견했다.

범인으로 지목되었던 성곤이는 평소 거친 말을 사용하고 과격한 행동을 보이던 학생이었다. 때문에 성곤이에 대한 편견이 생겼고, 많은 친구들이 성곤이를 오해하는 일이 발생했다. 다행히도 성곤이가 속이 깊고 마음이 넓은 면이 있어서 2차 사건으로 확대되지는 않은 채 사건은 마무리되었다.

학교는 다양한 학생들이 함께 생활하는 공간이다 보니 교실에서는 이런 오해가 종종 생기고 크고작은 사건들도 많이 일어난다. 내가 교사인지, 형사인지 헷갈릴 때도 있을 때도 있다. 따라서 학생들과 함께 이 문제를 보다 더 깊이 있게 생각하고 토론하는 것이 필요하다고 생각했다. 영화를 보고 난 후 수업을 하면 학생들이 더 긴밀하게 소통할 수 있을 거라고 생각했다.

## 빨간 모자의 진실

감독 코리 에드워즈오 개봉 2006. 4. 6
상영시간 80분

함께 볼 영화로 선택한 〈빨간모자의 진실〉는 학생뿐만 아니라 교사들도 편견을 걷어내고 '이성'의 힘으로 공정하게 사안을 바라볼 수 있도록 하는 힘을 길러 줄 수 있는 영화이다. 수업의 주제는 '진실을 보는 눈을 가질수 있다'로 정했다.

영화 줄거리

영화는 숲속 마을에서 잇달아 일어난 요리책 도난사건의 범인을 찾아내는 과정을 그리고 있다. 도난사건 현장에 있던 4명의 용의자들은 범인으로 지목된다. 커다랗고 순진한 눈망울의 착해 보이는 빨간 모자, 누가 봐도 음흉해 보이는 엉큼한 늑대, 언제나 다정하고 따뜻한 우리의 할머니, 도끼 들고 설치는 무식한 도끼맨. 이들은 서로 엇갈린 증언으로 자신의 결백을 주장한다. 요리책 도둑이 누구인가에 대한 궁금증에서 영화는 출발하지만, 급박했던 당시 상황으로 들어갈수록 각 등장인물의 진짜 성격이 드러난다.

영화평

'빨간모자'는 중세유럽에서 구전동화로 전해오면서 작가나 시대에 따라 새롭게 쓰여졌다. 이 영화는 '빨간모자'를 새롭게 각색한 애니메이션이다.

이 영화는 입장과 관점이 진실을 왜곡하는 현상을 다루고 있다. 입장(立場)은 '서 있는 자리'라는 뜻. 내가 어디에 서 있느냐에 따라 관점이 달라지기 마련이다. 자기 '입장'에서 볼 수밖에 없는 것이 인간의 태생적 한계이기 때문에 객관적인 견해를 유지하기 위한 노력이 필요하다.

타인의 입장에서 생각하고, 다양한 관점을 수용하고, 그것을 통합하고 조망할 수 있는가? 학생들은 이 영화를 통해 사건의 진위를 꿰뚫고 정리하고 조망하는 안목을 지니게 된다.

출처(인용) | https://goo.gl/JVwL7N

# 수업 디자인하기

## 교과 역량

| | |
|---|---|
| 국어과 | 공동체 · 대인관계 역량/ 비판적 · 창의적 사고 역량 |
| 사회과 | 비판적 사고력/ 정보 활용 능력 |
| 역사과 | 역사적 판단력과 문제해결 능력 |
| 교과 역량 | 민주시민 교육 |

수업 전 영화 꿀팁

영화의 후반부는 다소 실망스럽다. 원작 동화를 뒤집어 고정관념을 깬 내용과 이를 전개하는 과정에서 학생들에게 고민할 거리를 던져 준다는 점에서는 아주 훌륭한 교육 자료이나 후반부에서는 지극히 흥미 위주의 장면들만 제공하기 때문이다. 따라서 후반부는 학생들을 위한 즐거운 쇼라고 생각하고 가벼운 마음으로 감상하도록 하거나, 또는 시간이 부족한 경우에는 생략해도 될 것이라 생각해서 쉬는 시간에 끊어서 보여 주는 절충안으로 마무리하였다.

영화 체크리스트

| 영역 | 내용 | 확인 | | |
|------|------|------|------|------|
| | | 상 | 중 | 하 |
| 영화선정기준 | 학생의 발달단계와 흥미를 유발 | V | | |
| | 교육과정과 연계 | V | | |
| | 종교, 정치, 인종 편향적인 내용 | | V | |
| | 수업에 활용하기 쉬운 내용 | V | | |
| | 영화적 경험을 통해 주변과 소통 | V | | |
| 장르 | 애니메이션, 판타지 | | | |
| 인지도 | 관객 평점7, 전문가 평점6, 교사 평점 9 | | | |
| 관람등급 | 전체 관람가 | | | |

수준별 수업

이 영화는 역사 수업 첫 시간에 적합한 역사의 관점에 관한 수업으로 좋은 자료가 될 것이다. 특히 학생들에게 진실의 다면성이나 역사의 필연적인 주관성에 대해서 이해시킬 수 있다. 다만 진실이 밝혀지고 난 이후인 영화 후반부는 다소 유치하고 흥미 위주로 전개되므로 전반부 내용까지만 수업 자료로 사용할 것을 권장한다.

이 영화와 비슷한 영화로는 〈라쇼몽〉이나 〈12인의 성난 사람들〉과 같은 고전을 추천하고 싶지만 자극에 길들여진 요즘 학생들이 흑백영화를 버텨낼 수 있을지는 잘 모르겠다.

토론수업을 하는 경우 각자의 입장과 진실과의 관계 그리고 등장인물들의 공통점과 다른 점을 찾아본다. 일상생활에서 나의 모습은 어떤지 생각해 보는 시간도 가질 수 있다.

수업하기

 차시    영화를 보기 전에

활동 1        원작 동화 읽기

원작을 뒤집기한 영화로 학생들이 이미 알고 있는 '빨간 모자 이야기'를 함께 다시 읽어 본다. 이를 통해 학생들이 영화를 볼 때 원작과 바뀐 부분을 찾을 때 더 큰 흥미를 느낄 수 있고 깊은 고민을 할 수 있게 된다.


활동2        관점 이해하기

한 사건이나 사물을 두고도 다양한 관점이 존재할 수 있음을 먼저 이해시킨다. 가족이나 친구들 사이에서 서로 다른 관점에 대한 경험이 있었는지 생각해 보고 영화 속에서도 비슷한 상황이 찾아보도록 한다.

활동 1          원작과 비교하며 감상하기

영화 속에서 개구리 형사의 조사가 진행되며 각 등장인물의 입장에서 사건을 재조명해 준다. 나무꾼의 이야기까지 들어 봤을 때, 학생들과 함께 화면을 '일시 정지' 시켜 놓고, 한번 생각해 보자.

① 늑대는 과연 나쁠까?

② 할머니는 과연 나약할까?

③ 빨간 모자는 주의력이 모자랐을까?

④ 늑대가 과연 속임수를 썼을까?


활동 2          달라진 영화 속 이야기 정리하기

학생들에게 네 가지 질문을 던진 후, 학생들이 찾은 원작동화와 다른 점을 발표를 통해 공유한다. 이를 통해 우리가 가진 편견들 – 할머니나 어린아이는 약하고 순진할 것이다, 늑대는 나쁜 동물이다, 귀여운 모습을 가진 동물들은 착할 것이다 등 – 을 마주할 수 있다. 또 입장에 따라 사건의 진실이 다르게 보일 수 있음을 학생들은 쉽게 이해할 수 있다.

① 늑대는 '굿맨'이다.

② 할머니는 강하다. 그리고 살아 있었다.

③ 빨간 모자는 용감하고 지혜롭다.

④ 속임수를 쓰는 자는 따로 있다.

**3차시**  영화 감상 후

활동 1        **나의 경험 공유하기**

학생이 실제로 교실이나 가정, 학원 등에서 경험한 유사한 오해의 사례를 공유하는 시간을 가진다. 이를 통해 학생들이 영화와 현실이 동떨어진 것이 아님을 깨닫고 영화를 통해 배운 메시지를 내면화하고자 하는 의지를 가지게 된다.

활동 2        **사회적 생각하기**

관점에 따라 다르게 씌여진 뉴스나 기사 자료를 제공한다. 같은 사건도 기록자에 따라 다르게 표현될 수 있음을 실례로 보여 주며 특히 어른이 될수록 이를 유의해야 함을 알려 준다. 다양한 각도로 현상을 볼 수 있도록 스스로 사고하고 분석하여 객관적인 자료 검증을 통한 자신만의 관점을 가질 수 있는 능력을 키울 수 있도록 강조한다.

또한 이상의 단편적인 모습을 보여 주거나 꾸며진 모습을 보여 주는 SNS를 맹신하지 말아야 함도 요즘 사회의 학생들에게 함께 짚어 주기 좋은 부분이다.

# 04 하울의 움직이는 성
# 나도야 음악 감독!

정의숙 서울송정초등학교 수석교사

우연히 라디오 방송이나 텔레비전을 통해 영화음악을 듣다 보면 영화 장면이 떠오르며 가슴이 아려 오는 묘한 감정을 느낄 때가 있다. 영화에 사용된 음악이 등장인물의 감정을 더 잘 드러나게 하여 등장인물이 처한 상황과 등장인물의 마음에 내 감정이 이입이 되기 때문일 것이다. 또한 영화 장면이 눈앞에서 아른거리며 영화를 봤을 때의 감동이 밀려오고는 하는데, 아마도 음악이 배경과 더불어 극의 내용을 극대화하고 내용에 집중할 수 있도록 도와주는 중요한 역할을 하기 때문이 아닐까 한다.

학생들에게 감동을 주며 감성을 깨우는 예술수업이 무엇이 있을까 고민하던 나는 영화 〈하울의 움직이는 성〉의 대표 음악이 학생들의 묘한 감정을 이끌어 낼 수 있을 것이라는 생각을 했다. 학생들이 많이 들어 본 음악이기도 했거니와 이 음악을 들었을 때 자연스럽게 영화의 감상에 젖었던 경험 때문이었다. 이에 영화 〈하울의 움직이는 성〉의 '인생의 회전목마' 수업을 구안하게 되었다.

## 하울의 움직이는 성(ハウルの動く城)

감독 미야자키 하야오 개봉 2004. 12. 4

상영시간 119분

### 영화 줄거리

소피는 돌아가신 아버지 가게를 계승해 모자를 만들면 살아가지만, 정작 자신이 하고 싶은 일은 하지 못하는 18세 소녀다. 어느 날 소피는 골목길에서 곤란한 상황에 놓이는데, 순간 마법사 하울이 나타나 소피를 구해 주게 되고, 소피는 하울의 도움으로 하늘을 걷는 경험을 한다. 하지만 질투심에 불탄 황무지 마녀의 마법으로 소피는 90세의 노인이 된다.

저주를 풀기 위해 황무지에 간 소피는 마법에 걸린 허수아비 카브의 도움을 받아 하울의 성에 들어가 청소부로 일하면서, 불의 악마 캘시퍼, 하울의 제자 마르클, 그리고 하울과 함께 살게 된다. 어느 날 소피는 목욕탕을 청소하다가 실수로 하울의 머리를 이상한 색으로 염색하게 된다. 이로 인해 하울은 아름답지 않으면 살아갈 의미가 없다며 큰 좌절감에 빠지게 되는데, 소피는 하울에게 "나는 한 번도 예뻤던 적이 없어!"라고 소리치고 성 밖을 나간다.

한편, 전쟁이 발발했지만 하울은 참전을 꺼린다. 하지만 소피가 공격을 받게 되자 응석받이였던 하울은 소피를 위해 전쟁터에 뛰어들고, 소피 역시 하울을 살리기 위해 성을 무너뜨리게 된다. 소피는 하울의 과거 속으로 들어가서, 자신의 모습을 잃어버린 하울을 구하려고 한다. 거기에서 소피는 하울과 캘시퍼에게 걸린 저주의 이유를 알아내고, 소피의 사랑으로 모두의 저주가 풀리게 된다. 이웃나라 왕자였던 카브 덕분에 전쟁이 끝나고, 소피와 하울은 사랑을 확인하고 움직이는 성과 함께 하늘 멀리 날아간다.

## 영화평

미야자키 하야오의 애니메이션들은 매력적인 캐릭터들, 아름다운 영상미와 음악으로 전 세계의 많은 팬과 비평가들로부터 호평을 받는다. 〈하울의 움직이는 성〉은 영국의 동화작가 다이애나 윈 존스(Diana Wynne Jones, 1934~2011)의 원작 소설을 바탕으로 만들어진 영화이다. 영화의 주제 의식은 여러 가지로 해석되는데, 사랑이 전쟁을 끝낼 수 있다는 희망을 담고 있기도 하며, 인물들의 내면이 긍정적으로 변화해 가는 성장 영화로도 볼 수 있다. 특히 '겉모습이 아닌 진정한 자신의 모습을 찾아가자'는 주제는 학생들에게 의미가 있을 것이라고 생각한다. 자신의 꿈을 잃어버리고 주체적인 삶을 살지 못하던 소피는 노파가 된 겉모습에 개의치 않고 능동적으로 변모하여 사랑을 위해 자신을 희생한다. 또한 아름답지 못하면 의미가 없다며 좌절하던 하울은 약하고 외로운 내면을 가지고 있었지만, 소피를 통해 자아를 찾고 진정한 내면의 아름다움에 대해 알게 된다.

이 영화에서 특히 주목할 수 있는 요소는 음악이다. 일본의 유명 작곡가 히사이시 조(久石讓, Joe Hisaishi, 1950~)가 음악 감독을 맡았기 때문이기도 하다. 히사이시 조는 1984년부터 미야자키 하야오가 운영하는 지브리 스튜디오의 음악 감독을 쭉 맡고 있으며, 그러한 점 때문에 영화와 음악의 조화가 더욱 물 흐르듯 이어지는 면이 있기도 하다. 히사이시 조는 미니멀 음악을 팝과 재즈, 클래식 등의 여러 요소들을 융합해 그것을 자신의 방식으로 단순화시킨다는 평을 받는다. 예를 들면, "서양 고전음악의 구성과 형식에 기초하여, 고전음악의 민족성을 나타내는 요소들을 사용해, 동서양이 조화를 이루는 음악적 색채"와 같은 특징이 있다.

〈하울의 움직이는 성〉의 주 무대는 19세기 말의 유럽풍 도시로 설정되어 있다. 특히 여러 인터뷰에 의하면 독일과 프랑스의 도시들을 참고했다고 한다. 음악 역시 이에 걸맞도록 왈츠 풍으로 작곡되어, 이미지와 음악이 딱 들어맞는다는 인상을 받게 한다. 영화의 OST(오리지널 사운드 트랙, Original Sound Track) 27곡 중 가장 유명한 것은 타이틀 곡인 '인생의 회전목마(Merry-Go-Round)'로, 낭만적이면서도 경쾌한 단조의 왈츠 곡을 통해 환상적이고 아름다운 분위기를 조성한다. 특히 이 주제곡은 영화 전반에 걸쳐 분위기에 따라 조금씩 다르게 편곡된다. 음악과 영상의 훌륭한 조화는 미야자키와 히사이시의 작업 방식 때문이기도 하다. 그들은 영상보다 음악을 먼저 제작하는데, 영상 제작에 들어가기 한참 전부터 작품의 주제에 대해 미리 이야기를 나누며, 이를 바탕으로 이미지 앨범을 만들고 그를 발전시켜 영화의 메인 테마곡을 완성한다. 덕분에 〈하울의 움직이는 성〉뿐 아니라 〈센과 치히로의 행방불명〉, 〈마녀 배달부 키키〉 등 지브리 스튜디오의 다른 많은 영화들도, 음악 면에서 호평을 받고 있으며 그 대표곡이 잘 알려져 있다.

# 수업 디자인하기

**교과 역량**

| | |
|---|---|
| 음악과 | 음악적 감성역량, 음악적 창의 · 융합 사고역량 |
| 국어과 | 비판적 · 창의적 사고 역량, 의사소통 역량 |

수업 전 영화 꿀팁

애니메이션의 줄거리를 이해하고, 장면과 음악의 어울림에 대하여 이야기 해보며 감상수업을 할 수 있다. 또한 주제 가락을 노래하거나 악기로 연주하는 시간을 통해서 생활 속에서 음악을 즐기는 태도를 가질 수 있게 하였다.

영화를 다 감상해도 좋고 또는 주제음악이 나오는 부분만 감상하여도 좋다. 다만 영화 감상에만 치우치지 않도록 주의한다.

영화 체크리스트

| 영역 | 내용 | 확인 | | |
|---|---|---|---|---|
| | | 상 | 중 | 하 |
| 영화선정기준 | 학생의 발달단계와 흥미를 유발 | V | | |
| | 교육과정과 연계 | V | | |
| | 종교, 정치, 인종 편향적인 내용 | | V | |
| | 수업에 활용하기 쉬운 내용 | V | | |
| | 영화적 경험을 통해 주변과 소통 | V | | |

| 장르 | 애니메이션, 판타지 |
|---|---|
| 인지도 | 관객 평점 9, 전문가 평점 9, 교사 평점 9 |
| 관람등급 | 전체 관람가 |

수업 참고자료

'하울의 움직이는 성' 중 '인생의 회전목마' 일부분

**차시** 영화를 보기 전에

준비물      낱말 적기 활동지, 포스트 잇, 예고편 동영상

**활동 1      예고편 영화 감상**

① 영화〈하울의 움직이는 성〉예고편 보기

예고편을 보면서 전체 내용을 상상한다.

https://youtu.be/YpqMZt1gOXU

**활동2      영화 짐작하기**

① 예고편을 본 후 포스트잇에 생각나는 낱말 적어 본다.

② 모둠원끼리 생각나는 낱말을 조합하여 영화의 내용을 상상해 본다.

③ 모둠 별로 추론한 영화의 줄거리를 발표한다.

## 2차시 영화를 보면서

준비물　　　'인생의 회전목마' 음원

활동 1　　　**영화의 줄거리를 이해하고 음악만 감상하기**

영화의 줄거리를 이해한 후에 영상 없이 음악만 들어 보도록 한다. 음악을 들어보면서 어떤 느낌이 드는지 생각해 볼 시간을 제공한다.

활동 2　　　**주제 음악 알아보기 '인생의 회전목마'**

① 음악 없이 장면으로 줄거리를 감상한다.

② 장면 없이 음악만 감상한다.

③ 음악과 함께 장면을 감상한다.

④ 음악이 있을 때와 없을 때를 비교한다.

⑤ 영화 장면과 영화 음악의 관계에 관해 이야기한다.

## 3차시 영화 감상 후

준비물　　　'인생의 회전목마' 악보

활동 1　　　**주제 음악 알아보기 '인생의 회전목마' 익히기(모둠 활동)**

① 제시된 악보에 이야기와 어울리는 노랫말을 붙여 본다.

② 가락과 리듬에 맞추어 노래를 불러 보고 수정해 본다.

③ 모둠 친구들과 돌아가면서 만든 노랫말로 노래를 불러 본다.

④ 영화 줄거리와 어울리는 노랫말을 모둠에서 정한다.

⑤ 모둠별로 정한 노래를 연습하고 나와서 발표한다.

 영화 감상 후

준비물         활동지

활동1        **창작 활동(모둠 활동)**

① 결말을 바꾸거나 결말에 이어지는 이야기를 만든다.

② 꾸민 이야기에 어울리는 음악을 찾는다.(클래식, 대중음악, 국악 등)

③ 꾸민 이야기에 어울리는 음악을 친구들에게 소개한다.

④ 친구의 작품을 감상하고 좋은 댓글을 달아 준다.

활동2        **예술작품에 대한 정보 알기**

① 인터넷, 도서 등을 통하여 영화에 대해 더 알아본다.

◉ 영화 <하울의 움직이는 성> 예고편을 보고, 생각나는 낱말을 포스트잇에 적어봅시다.

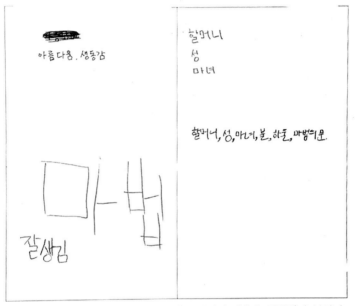

아름다움. 생동감

할머니
성
마녀

할머니, 성, 마녀, 불, 하늘, 마법의문.

마법
잘생김

◉ 위의 낱말들을 모아서 앞으로 전개될 영화의 내용을 짐작하여 봅시다.

잘생긴 하울의 마법을 부려 젊성을 움직이게 한다.
할머니가 움직이는 성에 올라가 마녀를 만나는데
마녀로 마법의 문을 만들어  할머니에게 새로운
세계를 갈 수 있게 해준다. 그 세계에서 할머니는 신나게되고
그 잘생긴 남자두자 사는 세계에 전생이나게 되는데 불과 할머니와
마녀는 안전한 세계로 이동을 한다 The end.

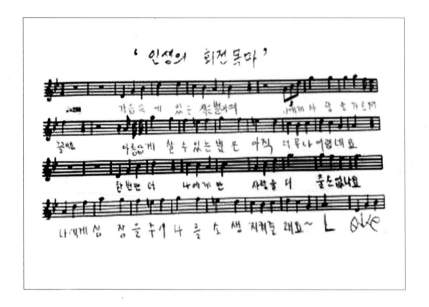

활동지(결과물) 창작활동

◉ 영화 <하울의 움직이는 성> 의 결말을 바꾸거나 결말에 이어지는 이야기 상상하여 적
어 봅시다.



◉ 상상한 이야기에 어울리는 음악을 찾아봅시다.(클래식, 대중음악, 국악 등)

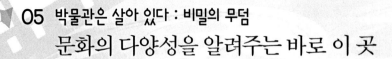

## 05 박물관은 살아 있다 : 비밀의 무덤
# 문화의 다양성을 알려주는 바로 이 곳

정의숙 서울송정초등학교 수석교사

대학 시절 〈인디아나 존스〉 시리즈에 매혹되었던 나는 우리 집 아이들이 어릴 때 애니메이션 〈이집트 왕자〉, 영화 〈미이라〉 등 고고학 관련 영화를 자주 보러 다녔다. 그 영향 때문인지 큰 아이는 현재 고고미술사를 전공하고 있으며 작은 아이도 역사에 관심이 많은 아이로 자랐다. 실제로 영화에서는 허구적인 요소가 많이 들어가 있지만 fact와 fiction을 구분하며 아이들과 함께 탐구해 보는 시간을 가지면서 역사에 대한 관심과 이해가 커졌다. 영화 〈이집트 왕자〉, 〈미이라〉를 보고 〈박물관이 살아있다 1편〉을 같이 보던 아이들은 어느새 어른이 되어 교단에서 아이들을 가르치고 있다.

이제는 다 자란 아이들과 함께 보았던 〈박물관이 살아있다 1편〉과 마찬가지로 〈박물관이 살아있다 : 비밀의 무덤〉 역시 교실의 학생들과 할 이야기가 많다는 생각이 들었다. 여러 나라의 역사와 문화에 대하여 나눌 이야깃거리가 넘쳐나고, 사건이 전개되어 가면서 등장인물 간의 사랑과 서로에 대한 이해가 돋보이기 때문이다.

영화에 대하여 이야기 나누면서 아이들과 나누었던 것 이상을 학생들과 공유할 수 있을 것이라고 생각한다. 〈박물관이 살아있다 : 비밀의 무덤〉을

# 박물관은 살아 있다 : 비밀의 무덤
감독 숀레비 개봉 2004. 12. 4
상영시간 98분

혼자 보면서, 그 때 그 시절을 떠올려 본다. 그리고 지난 날 영화수업을 구안해 보지 못한 아쉬움에 수업을 디자인해 본다.

### 영화 줄거리

밤마다 모든 것이 살아나는 뉴욕 자연사 박물관. 야간 경비원 '래리'(벤스틸러 분)는 대통령 '테디 루즈벨트'(로빈 윌리엄스 분), 카우보이 '제레다야'(오웬 윌슨 분), 말썽꾸러기 원숭이 '덱스터' 등 매일 밤 살아나는 전시물들과 함께 판타스틱한 박물관 재개장 전야 이벤트를 개최한다.

하지만 점차 마법의 기운을 잃어 가는 황금석판으로 인해 다시는 살아나지 못할 위기에 처한 그들은 황금석판의 비밀을 밝혀 내기 위해 영국 런던 대영박물관으로 간다. 과연 그들은 박물관을 무사히 보호할 수 있을까?

### 영화평

이 영화는 모험, 코미디, 가족, 판타지 장르의 영화이다. 〈박물관이 살아있다 1〉(Night At The Museum, 2006), 〈박물관이 살아있다 2〉(Night At The

Museum, 2009)에 비하면 3편은 흥미나 작품성이 떨어진다고 말하는 사람들이 있으나 학생들이 최근에 접한 영화를 고르다 보니 1, 2편은 너무 오래되어서 3편을 선택하는 게 낫다는 생각이 들었다.

영화에서 박물관의 전시물들이 살아 숨 쉴 수 있었던 이유는 명판에 걸려 있던 마법 덕분이었다. 그러나 그 명판이 서서히 힘을 잃게 되고 박물관에는 이상한 기운이 맴돌기 시작한다. 이것을 해결하고자 주인공 일행은 대영박물관으로 향한다.

영화 속 등장인물이 하는 대사는 이 영화의 주제를 알려 준다. 래리는 아틸라(훈족의 왕)에게 "마이 프렌드!"라고 부르며, 여러 인물들에게는 "각 자의 역할은 선택하지만 꼭 그 방식으로만 살 필요는 없어. 늘 서로를 존중하는 마음을 가져야 된다고 생각해."라고 말한다. 또 다른 인물은 "사카주위아(인디언)와 루즈벨트 인형은 폴리우레탄과 밀랍으로 되어 있어."라고 하며 인디언과 루즈벨트 모두 같은 존재라는 것을 일깨워 준다. 결국 등장인물들의 대사는 모든 인종, 문화의 다양성을 이해하고 존중해야 된다는 것을 드러내 보여 준다.

# 수업 디자인하기

**교과 역량**

| | |
|---|---|
| 국어과 | 공동체 · 대인관계역량 |
| 사회과 | 의사소통 및 협업능력, 정보 활용 능력 |

수업 전 영화 꿀팁

박물관에 대한 영화라고해서 유물에 대한 이야기만 다루는 것이 아니다. 따라서 이 영화를 사회과의 여러 나라의 역사와 문화에 대한 소재로만 한정하지 않기를 바란다. 결국 이 영화의 주제는 차별받지 않고 서로의 삶을 이해하고 다양한 문화에 대하여 열린 마음을 가져야 한다는 내용이다. 따라서 학생들의 다양성에 대한 존중, 대인관계 형성 및 의사소통능력 함양 등을 위한 수업자료로 충분히 사용 가능하다.

영화 체크리스트

| 영역 | 내용 | 확인 | | |
|---|---|---|---|---|
| | | 상 | 중 | 하 |
| 영화선정기준 | 학생의 발달단계와 흥미를 유발 | V | | |
| | 교육과정과 연계 | V | | |
| | 종교, 정치, 인종 편향적인 내용 | | V | |
| | 수업에 활용하기 쉬운 내용 | V | | |
| | 영화적 경험을 통해 주변과 소통 | V | | |

| 장르 | 모험, 코미디, 가족, 판타지 |
|------|---------------------------|
| 인지도 | 관객 평점 8, 전문가 평점 5, 교사 평점 9 |
| 관람등급 | 전체 관람가 |

수업 참고자료

영화에 나오는 박물관  영화에 나오는 박물관 이외에도 세계의 유명한 박물관을 인터넷을 통하여 둘러보는 시간을 가지면 좋을 듯하다. 박물관은 영화 속에서만 존재하는 것이 아니라 현실에서도 존재한다. 우리가 체험학습을 하는 박물관과 연계할 수 있는 방법을 찾아보자.

뉴욕자연사 박물관 https://www.amnh.org

영국 대영박물관 https://www.britishmuseum.org


세계의 유명 박물관 목록

국립중앙박물관 http://www.museum.go.kr

국립민속박물관 http://www.nfm.go.kr

미국 메트로폴리탄미술관 https://www.metmuseum.org

미국 휘트니미술관 https://whitney.org

뉴욕 현대미술관 https://www.moma.org

프랑스 루브르미술관 https://www.louvre.fr

프랑스 오르세미술관 https://www.musee-orsay.fr

프랑스 퐁피두센터 https://www.centrepompidou.fr

스페인 프라도미술관 https://www.museodelprado.es

스페인 소피아미술관 https://www.museoreinasofia.es

네덜란드 반고흐미술관 https://www.vangoghmuseum.nl/en

이태리 우피치미술관 https://www.florence.net

**차시** 영화를 보기 전에

준비물        인터넷 주소, 영화 포스터 이미지

활동1        **세계의 여러 박물관 알아보기**
　박물관을 다룬 영화인만큼 세계 여러 나라의 박물관을 둘러보면서 다양한 문화에 대한 감각을 익힐 수 있도록 한다. 영화에 나오는 뉴욕자연사 박물관과 대영박물관에 대한 자료를 교사가 학생들에게 보여 주면서 영화의 배경을 미리 둘러볼 기회를 제공한다.
　① 박물관에 가본 경험을 이야기한다.
　② 영화에 나오는 뉴욕자연사 박물관과 영국 대영박물관에 대하여 알아
　　본다.

　뉴욕자연사 박물관 https://www.amnh.org

영국 대영박물관 https://www.britishmuseum.org

활동2          영화 포스터를 보고 영화 내용 상상하기

본격적인 영화 감상에 앞서 영화 포스터를 보고 내용을 다양하고 창의적으로 상상해 볼 수 있도록 한다.

① 포스터의 첫 인상이나 느낌을 이야기한다.

② 전개될 이야기를 상상해 본다.

 차시     영화를 보면서

준비물          영화 파일, 활동지

활동1          영화 속에 나오는 배경 찾기

① 폼페이 베수비오 화산 폭발

② 드라팔가 광장의 사자상

③ 상대성 : 네덜란드 판화가 마우리츠 코르넬리스 에셔의 작품인 판화

활동2          등장하는 인물 이야기하기

① 영화 속 등장인물을 찾아보고 인물의 특징을 생각해 본다.

활동지

활동지의 내용은 다음과 같다. 학생들이 자유롭게 정리할 수 있도록 한다.

① 영화 속 등장인물을 생각나는 대로 적어 봅시다.

- 래리 데일리 : 주인공

- 아틸라 : 훈족의 왕

- 사카주위아 : 인디언 추장의 딸로 모험가

- 루즈벨트 대통령 : 미국의 제32대 대통령(재임 1933~1945). 민주당 출신으로 미국 역사상 유일무이한 4선 대통령. 대공황을 극복하기 위하여 '뉴딜(New Deal)' 정책 추진

- 제데디아 스토롱 스미스 : 미국의 동과 서를 잇는 철도 개발자이자 개척자

- 옥타비아누스 : 로마황제

- 아크멘라 : 고대 이집트 파라오

- 라 : 네안데르탈인

- 랜슬롯 : 아서왕의 전설에 나오는 기사

- 덱스터 : 박제된 원숭이

- 트리케라톱스 : 공룡 전신 골격

- 상류 : 산해경에 나오는 머리 9개 달린 뱀

- 이스타 섬 조각상

- 이 외에 등장인물


② 등장인물에 대하여 알고 있는 것 이야기해 봅시다.

등장인물에 대하여 미리 알고 있던 내용이 있으면 함께 공유한다. 또한 영화를 보면서 새롭게 알게 된 인물에 대해서 다양한 생각과 느낌을 나누도록 한다.

**영화 감상 후**

준비물　　　포스트 잇, 8절 도화지

활동1　　　다음 중 선택하여 자료집 만들기(모둠 활동)

폼페이 베수비오 화산 폭발, 상대성(네덜란드 에서의 판화), 루즈벨트 대통령, 네안데르탈인, 아서 왕 이야기, 이스타 섬 조각상 등

① 위의 내용 중에서 자료집의 제목을 정한다.

② 주제에 맞는 서적, 인터넷 등의 매체를 탐색하여 다양한 자료를 수집한다.

③ 족자 모양, 병풍 모양, 입체 책 등 자료집의 제목과 어울리는 형식을 정한 후 틀을 만든다.

④ 해당 사진을 칼라로 인쇄한 후 잘라서 자료집에 붙인다.

⑤ 자료집의 제목, 관련된 내용, 새롭게 알게 된 점 등은 작성한다.


활동2　　　　**탐구한 내용 발표하기**

① 모둠별 자료집을 발표한다.

② 유물과 인물의 중요성에 관한 이야기를 나눈다

③ 문화유산을 보존할 수 있는 일을 이야기한다.

 **영화 감상 후**

준비물　　　활동지

활동1　　　영화 속 대사의 의미 찾기

영화 속 대사에는 인성적 요소들이 많이 들어 있다. 학생들이 대사를 곱씹어보면서 영화의 주제를 찾아보도록 한다.

활동지

※ 다음 대사의 의미는 무엇인지 짝과 함께 이야기하며 적어 봅시다.

① 주인공 래리가 미니어처 제데디아 스토롱 스미스 인형과 로마 황제에게 "너희들은 정말 큰 친구야" 한 말의 뜻은 무엇일까?

② 주인공 래리가 훈족 아틸라에게 "마이 프렌드!" 라고 한 의미는 무엇일까?

③ '사카주위아(인디언 추장 딸)는 폴리우레탄이고 루즈벨트 인형은 밀랍으로 되어 있어.'라는 말의 의미는 무엇일까?

④ 주인공 래리의 대사 "각 자의 역할은 선택하지만 꼭 그 방식으로만 살 필요는 없어. 늘 서로를 존중하는 마음을 가져야 된다고 생각해."라는 말의 의미는 무엇일까?

활동2　　　　　이 영화가 우리에게 주는 메시지 생각해 보기

영화가 우리에게 주는 메시지가 무엇일까? 학생들마다 다양한 느낌과 생각이 있을 것이고, 영화를 보면서 깨달은 것이 있을 것이다. 각자의 생각을 말이나 글로 표현하여 공유해 보는 것은 교사의 입장에서는 학급경영에 도움이 될 것이고, 학생의 입장에서는 대인관계능력을 함양하는 데 도움이 될 것이다.

## 06 어벤져스 인피니티 워
# 내 인생의 주인공은 바로 나

이경미 서울등명초등학교 수석교사

학생들과 진로, 인성 관련 수업을 진행할 때가 많다. 특히 고학년 학생들에게 자신의 장점 찾기, 자신의 꿈 찾기 활동들을 진행하다 보면 "저는 꿈이 없어요." "저는 딱히 잘하는 것이 없어요." 하고 대답하는 학생들이 있다.

5~6학년 영어 교육과정에서는 비교급을 다루는 'I'm taller than you. My hands are bigger than yours.'등 두 대상을 비교하는 핵심표현을 익히는 단원이 있다. 많은 교사들이 이 단원을 지도하면서 서로 비교하는 활동을 활용하고 있다. 실제로 학생들이 친구와 키, 머리카락의 길이를 재어 비교하거나, 손바닥의 크기, 생일을 묻고 답하면서 핵심표현을 연습하는 것이다. 교육과정이 바뀌어도 항상 등장하는 비교급 단원을 지도하면서 학생들에게 좀 더 실제적이고 흥미롭게 다가가는 활동이 뭐가 있을까 고민하던 끝에 영화 〈어벤져스 인피니트 워〉를 선택하게 되었다.

먼저 이 영화를 선택한 이유는 해당 단원을 학습하게 된 시기가 바로 이 영화의 개봉 직후로 우리나라 전역에 폭발적인 반응이 일어나 본교의 거의 모든 학생들이 이 영화를 보았거나 관심이 많은 상태였다. 또 다른 이유는 영화의 내용 역시 히어로 액션물이기는 하였으나 그 내용이 일반 액션물에 비

## 어벤져스 인피니티 워
## (Avengers: Infinity War)

감독 안소니 루소, 조 루소 개봉 2018. 4. 25
상영시간 149분

해 철학적이다. 예를 들어 강력한 힘을 가진 경우라도 그것을 잘못 사용하게 되면 어떻게 될까, 진정한 영웅이란 무엇인가 등등 생각할 거리가 많다는 점이다. 또한 학생 스스로 '나만의 히어로 만들기' 활동을 통하여 직접 캐릭터를 구상하고 컴퓨터 등의 매체를 활용하여 발표하는 프로젝트 수업에 적절하다고 판단되었다. 이에 영어과의 비교급 핵심표현을 연습하고, 나아가 자신만의 히어로를 팀과 함께 구상하여 발표하는 프로젝트 수업을 구안하였다. 이에 국어과, 영어과의 성취기준을 재구성하였고, 수업의 주제는 '내 인생의 주인공은 바로 나' 로 정하였다.

### 영화 줄거리

타이탄 행성인이며 우주의 군주였던 타노스는 자신이 사랑하는 고향 타이탄이 식량과 인구문제 등으로 신음하고 있자, 타이탄 인구의 반을 죽여 풍요로움을 되찾으려 하였으나 반대에 부딪쳐 자신의 고향이 죽음의 행성이 되는 것을 목격하게 되었다. 이후 강력한 권력을 가지게 된 타노스는 같은 문제의 행성들에게도 똑같은 방식을 적용하여 우주의 균형을 찾고자 한다. 즉

유한한 우주를 이유로 부족한 자원을 해결하기 위해 우주의 생명 절반을 없애 균형을 이루어 풍족한 세상을 만들기로 한 것이다. 타노스는 인피니티 스톤이라는 우주의 본질 6가지를 담당하는 강력한 보석 6개를 신성한 장갑, 인피니티 건틀렛에 모으면 손가락을 튕기기만 해도 우주의 반이 죽을 정도의 엄청난 힘을 갖게 된다는 방법을 알게 된다. 그렇게 타노스는 우주에 흩어져 있는 인피니티 스톤을 모으러 다니기 시작하고 이를 전해 들은 어벤져스들은 타노스와 그의 부하들에게 맞서 싸우며 스톤과 우주를 지키려 힘쓴다. 이 과정에서 어벤져스들은 최선을 다하여 타노스를 막으려하지만, 타노스는 많은 희생을 치루며 6개의 인피니티 스톤을 모으는 것에 성공한다. 결국 타노스의 스냅으로 인하여 우주의 소멸이 시작되었고, 일부 어벤져스들과 세상의 모든 사람들 중 절반이 사라지게 된다. 마지막 장면에서 타노스는 소울 스톤이 만들어낸 공간, 소울 월드로 탈출하여 떠오르는 태양을 마주하고 휴식을 취하며 영화가 끝난다.

영화평

〈인피니티 워〉를 보고 난 뒤 많은 팬들이 영화의 방대한 스케일, 개성 강한 히어로들에 매료되고 영웅들이 한꺼번에 소멸하는 경악스러운 결말에 매우 혼란스러워했다.

이 영화는 지금까지 나왔던 마블의 모든 히어로 물을 집대성했다고도 말할 수 있을 정도로 여러 캐릭터가 대거 등장하여 마블의 세계관을 가득 담고 있다. 다양한 영웅들의 캐릭터와 능력에 학생들이 한껏 매료되어 다소 긴 러닝타임의 영화를 지루하지 않게 즐길 수 있다.

## 교과 역량

| | |
|---|---|
| 국어과 | 비판적 · 창의적 사고역량, 의사소통 역량 |
| 영어과 | 공동체 역량, 지식정보처리 역량 |
| 범교과학습주제 | 인성교육, 진로교육 |

### 수업 전 영화 꿀팁

이 영화를 보기 전에 〈어벤져스〉 속 캐릭터와 관련 영화에 대하여 교사가 안내하거나 학생들이 미리 조사활동을 해 보는 것도 좋다. 왜냐하면 이 영화 속에는 어벤져스 멤버뿐 아니라 가디언즈 오브 갤럭시, 닥터 스트레인지, 블랙 팬서, 윈터 솔저, 로키 등 MCU의 모든 캐릭터들이 총출동하기 때문이다. 또한 영화의 후반부는 쇼킹 그 자체이다. 결말을 알고 보아도 놀랍지만 그 전에 보면 더욱 충격적이다. 그리고 마지막에 쿠키 영상이 있으므로 마지막 엔딩 음악이 나오기 전까지 집중하여 관람하기를 권한다. 또한 처음에는 닥터 스트렌인지의 대사가 오역되어 개봉되어 많은 논란이 있었고, DVD 버전에서는 수정되었다. 닥터가 아이언 맨을 살리기 위해 타노스에게 타임스톤을 넘겨 주고, 아이언맨이 왜 그랬냐고 묻자, 닥터가 "We're in th end game now."라고 대답하는데 이것을 "이제 가망이 없어."라고 오역하였다. 이는 가망이 없다는 뜻이 아니고 "이제 최종단계에 들어선 거야."라는 뜻으로 이 앞 장면에서 닥터는 미래를 경험하고 왔고, 14,000,605개의 가능성 중 단 하나의 방법뿐이라고 말하는데, 그 방법이 바로 타노스에게 타임스톤을 넘겨 주는 방법이었다. 이 부분은 영화의 줄거리 이해에 큰 영향을 끼칠 정도로 중요한 대사이므로 학생들과 함께 원래 대사와 해석부분에 대하여 배워보는 시간도 의미 있을 것이다.

영화 체크리스트

| 영역 | 내용 | 확인 | | |
|---|---|---|---|---|
| | | 상 | 중 | 하 |
| 영화선정기준 | 학생의 발달단계와 흥미를 유발 | V | | |
| | 교육과정과 연계 | V | | |
| | 종교, 정치, 인종 편향적인 내용 | | V | |
| | 수업에 활용하기 쉬운 내용 | V | | |
| | 영화적 경험을 통해 주변과 소통 | V | | |
| 장르 | 액션, 모험, 판타지, SF | | | |
| 인지도 | 관객 평점 9, 전문가 평점 5, 교사 평점 8 | | | |
| 관람등급 | 12세 관람가 | | | |

관련 동영상

캐릭터가 대거 등장하여 기존에 마블 영화를 접하지 못한 학생들에게 다소 인물에 대한 이해가 부족한 경우가 있다. 이때는 미리 캐릭터에 대한 설명, 인물관계도 등에 대한 동영상을 통해 이해를 돕는 방법이 효과적이었다.

어벤져스 인피니티 워 마블의 주요 등장인물 총정리

https://www.youtube.com/watch?v=FrFY9iw3mxo

# 수업하기

 차시    영화를 보기 전에

| | |
|---|---|
| 준비물 | 캐릭터를 활용한 학습지 |

**활동 1    비교급 문장 만들기**

인피니티 워에 나오는 등장인물들의 능력을 정리하여 도표로 만든 후 그것을 보고 비교급문장을 만드는 활동을 해 본다.

**활동 2    나만의 히어로 구상하기**

영화를 보고 난 후 내가 만든 히어로 캐릭터를 구상하여 MCU 관계자들 앞에서 프레젠테이션하는 활동을 하는 팀 프로젝트 활동을 하기로 학생들과 의견을 모았다. 이에 학생들 간에 회의를 통하여 팀을 정하고 자신들의 히어로 캐릭터, 로고 등을 구상하도록 하였다.

활동지

기본적인 내용은 교사가 미리 제작하였으나 학교급별로 히어로들의 능력을 모둠별로 정하여 학습지를 학생들이 제작하고 활동하는 방법도 가능하다.

 영화를 보면서

준비물        영화

활동 1        캐릭터들의 특징, 성격, 마음의 변화 파악하며 감상하기

히어로들이 대거 등장하므로 장면의 변화가 많다. 지구, 우주선, 여러 행성들을 오가며 영화가 진행되므로 장면이 변할 때 잠깐 멈춰서 나오는 등장인물들의 행동과 그 이유, 마음의 변화 등을 파악하는 질문을 해 본다. 예를 들어 ① 헐크가 계속 변신을 하지 못하는 이유는 무엇일까? ② 타노스의 건틀렛을 빼앗기 직전 스타로드가 흥분하여 절대 절명의 기회를 놓치는 부분이 있었는데(자신이 사랑하는 여주인공을 타노스가 죽였기 때문) 여러분의 생각은 어떤지 자신의 의견을 말해 봅시다, 등 영화가 매우 길기 때문에 영화 전체를 계속 이렇게 보기는 힘들지만 결정적인 순간을 교사가 파악하여 학생들과 이야기를 나누다 보면 영화를 이미 본 학생들도 수업에 적극적으로 참여하게 된다.

활동 2        영화에서 가장 맘에 드는 장면, 바꾸고 싶은 장면에 대하여
              의견 나누기

또는 가장 마음에 드는 영웅과 그 이유에 대하여 그림이나 글로 쓴 후 짝, 모둠과 함께 의견을 나누어 본다. 학급 전체로 의견을 정리하면서 우리 반이 가장 좋아하는 히어로는 누구인지 알아보고 그 이유를 들어 보는 활동도 가능하다.

영화 감상 후

준비물　　　캐릭터 구상지, 발표 파워포인트

활동 1　　　**캐릭터 구상지**

팀별로 내가 만든 히어로 캐릭터를 구상하고 그것을 설명하는 구상지를 작성한다. 이때 영웅의 의상, 캐릭터, 로고 등을 디자인할 수 있다. 영웅의 능력에 대한 설명 역시 팀별로 의논하여 작성한다.

활동2　　　**팀별 발표하기**

우리 팀의 영화 제작사 MCU와 만나서 직접 히어로 캐릭터를 설명하도록 하였다. 이때 파워포인트는 실과를 담당하는 교사와 미리 상의하여 컴퓨터 파워포인트 수업시간을 활용하여 작성할 수 있도록 하였다. 또한 발표가 특정 몇 사람에게 치중하지 않도록 발표시간을 공평하게 나눠서 발표하였다. 발표 마지막에는 파워포인트를 제작한 친구, 로고를 디자인한 친구 등 각 팀원들이 이 프로젝트를 위해 공헌한 바를 정리하여 역할이 골고루 분배되고 학생들의 장점을 살린 팀워크가 잘 이루어졌는지에 대한 교사평가와 동료평가가 이루어졌다.

강력한 힘을 가진 타노스가 우주 최고의 악당이 된 이유는 무엇일까? 가장 빠르고, 힘이 세다고 모두 영웅일까? 다른 영웅에 비해 능력이 약해 보이는 그루트가 자신을 희생하며 한 행동을 보면서 느낀 점은 무엇인가 등에 대하여 질문 만들기, 모둠질문 정하기, 학급질문 정하기 등의 토론수업을 진행한다. 진정한 영웅이란 무엇인가, 라는 질문을 통해 내 인생의 주인공은 바로 나이고 최선을 다해 열심히 노력하며 사는 것이 가치로운 것이고 진정한 영웅이 될 수 있다는 것을 학생들이 스스로 느낄 수 있도록 한다. 교실 상황에 따라서 결론이 여러 가지로 나올 수 있을 것이나 삶의 가치에 대하여 학생들이 생각하고 의견을 나눌 수 있다면 그것으로도 충분한 의미가 있다고 본다.

# Characters

| Iron Man | |
|---|---|
| Durability | 🅐🅐🅐🅐🅐🅐 |
| Energy | 🅐🅐🅐🅐🅐🅐 |
| Fighting | 🅐🅐 |
| Intelligence | 🅐🅐🅐🅐🅐🅐 |
| Speed | 🅐🅐🅐🅐🅐 |
| Strength | 🅐🅐🅐🅐🅐🅐 |

| Hulk | |
|---|---|
| Durability | 🅐🅐🅐🅐🅐🅐🅐 |
| Energy | 🅐 |
| Fighting | 🅐🅐🅐🅐🅐 |
| Intelligence | 🅐🅐🅐🅐🅐🅐 |
| Speed | 🅐🅐🅐🅐🅐🅐🅐 |
| Strength | 🅐🅐🅐🅐🅐🅐🅐 |

| Captain America | |
|---|---|
| Durability | 🅐🅐🅐 |
| Energy | 🅐 |
| Fighting | 🅐🅐🅐🅐🅐🅐 |
| Intelligence | 🅐🅐🅐🅐 |
| Speed | 🅐🅐🅐 |
| Strength | 🅐🅐🅐 |

| Doctor Strange | |
|---|---|
| Durability | 🅐🅐🅐🅐🅐🅐 |
| Energy | 🅐🅐🅐🅐🅐🅐🅐 |
| Fighting | 🅐🅐🅐🅐🅐🅐🅐 |
| Intelligence | 🅐🅐🅐🅐 |
| Speed | 🅐🅐🅐 |
| Strength | 🅐🅐🅐 |

| Thor | |
|---|---|
| Durability | 🅐🅐🅐🅐🅐🅐🅐 |
| Energy | 🅐🅐🅐🅐🅐🅐 |
| Fighting | 🅐🅐🅐🅐🅐🅐🅐 |
| Intelligence | 🅐🅐🅐🅐🅐🅐 |
| Speed | 🅐🅐🅐🅐🅐🅐 |
| Strength | 🅐🅐🅐🅐🅐🅐🅐 |

| Black Widow | |
|---|---|
| Durability | 🅐🅐🅐 |
| Energy | 🅐🅐🅐 |
| Fighting | 🅐🅐🅐🅐🅐🅐 |
| Intelligence | 🅐🅐🅐🅐 |
| Speed | 🅐🅐 |
| Strength | 🅐🅐🅐 |

| Black Panther | |
|---|---|
| Durability | 🅐🅐🅐 |
| Energy | 🅐🅐🅐 |
| Fighting | 🅐🅐🅐🅐🅐 |
| Intelligence | 🅐🅐🅐🅐🅐 |
| Speed | 🅐🅐 |
| Strength | 🅐🅐🅐 |

| Starlord | |
|---|---|
| Durability | 🅐🅐🅐🅐 |
| Energy | 🅐🅐🅐🅐🅐🅐 |
| Fighting | 🅐🅐🅐🅐🅐 |
| Intelligence | 🅐🅐🅐🅐 |
| Speed | 🅐🅐🅐🅐🅐🅐🅐 |
| Strength | 🅐🅐🅐🅐🅐 |

| Spiderman | |
|---|---|
| Durability | 🅐🅐🅐 |
| Energy | 🅐🅐🅐🅐 |
| Fighting | 🅐🅐🅐🅐🅐 |
| Intelligence | 🅐🅐🅐🅐 |
| Speed | 🅐🅐🅐🅐🅐 |
| Strength | 🅐🅐🅐🅐🅐 |

| Thanos | |
|---|---|
| Durability | 🅐🅐🅐🅐🅐🅐🅐 |
| Energy | 🅐🅐🅐🅐🅐🅐🅐 |
| Fighting | 🅐🅐🅐🅐🅐🅐🅐 |
| Intelligence | 🅐🅐🅐🅐🅐🅐🅐 |
| Speed | 🅐🅐🅐🅐🅐🅐🅐 |
| Strength | 🅐🅐🅐🅐🅐🅐🅐 |

Name: _____          Class: _____

# Avengers Infinity War: Battle

### Spiderman vs Iron Man

Who is stronger?

_____

### Starlord vs Captain America

Who is faster?

_____

### Thanos vs Thor

Who is smarter?

_____

### Hulk vs Black Widow

Who is better at fighting?

_____

### Doctor Strange vs Black Panther

Who is more durable?

_____


_____ VS _____

_____


_____ VS _____

Name: _____          Class: _____

## Avengers Infinity War: Battle

faster        stronger        smarter        heavier        taller        older        better(at)

more durable    (has) more energy    more powerful        more effective    (causes)more damage

### Starlord vs. Captain America

Captain America ~~more~~ is more powerful than Starlord...

### Thanos vs. Thor

Thanos is better than Thor.

### Hulk vs. Black Widow

Hulk is smarter than Black Widow.

### Doctor Strange vs. Black Panther

Doctor Strange is faster than Black Panther

### Captain America vs. Hulk

Hulk is taller than Captain America

### Spiderman vs. Black Panther

Black Panther is older than Spiderman.

**Thor's hammer vs Gamora's sword**

**Whose weapon causes more damage?**

Thor's hammer causes more damage than Gamora's sword

**Doctor Strange's stone vs Vision's stone**

**Whose stone is more powerful?**

vision's stone is more powerful than Doctor Strange's stone.

**Thanos' gauntlet vs Shuri's gauntlet**

More **Whose gauntlet is stronger?**

Thanos' gauntlet is stronger than Shuri's gauntlet

**Captain America's shield vs Doctor Strange's shield**

**Whose shield is more effective?**

Doctor Strange's shield is more effective than Captain America shield

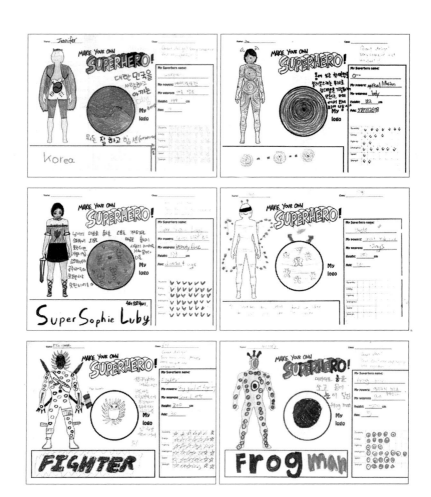

활동지(결과물) 학생결과물 팀별 발표하기

활동지(결과물)  학생결과물 팀별 발표하기

244    1주일 만에 뚝딱 영화수업 만들기

## 07 아이로봇
# 인공지능 시대에 나의 자리는?

최지원 서울경동초등학교

이 수업을 처음 준비한 2016년에 인공지능과 인간의 세기의 대결이 펼쳐졌다. 이세돌과 알파고의 바둑경기는 그야말로 빅 이슈였다. 특히 인간계(界)의 대표로 나온 이세돌이 우리나라 사람이었기에 시사에 관심이 없는 우리 학생들조차도 모두 알 정도였다. 또 마침 그 해에 VR기기가 처음으로 대중화되어 10만 원 미만의 가격에 시장에 나오기도 했다. VR과 인공지능은 완전히 다른 기술의 갈래이기는 하지만, 어린 시절 공상 만화에서나 보던 미래기술이 코끝까지 다가왔다는 점에서 나에게 큰 충격을 주었다.

학창시절에 나는 공상과학 영화를 즐겨보며 막연히 가졌던 미래에 대한 설렘과 기대감을 지닌 학생이었다. 하지만 막상 정신 차려 보니 생각보다 빨리 현실이 되고 있는 미래사회가 다소 무섭게 느껴졌다. 또 개인적인 두려움뿐만 아니라 교사라는 직업인으로서 어떤 사명감이 생겼다. 특히 당시 6학년 담임으로서 학생들의 진로에 관심이 많았기에 지금 내가 가르치는 이 아이들이 커서 어떤 직업을 가질 수 있을까, 과연 인공지능과 경쟁해서 살아남을 수 있을까 하는 조바심이 자연스럽게 생겼다. 무엇보다 미래를 살아갈 학생

아이로봇(I, Robot)
감독 알렉스 프로야스 개봉 2004. 7. 30
상영시간 110분

들에게 내가 지금 교실에서 학생들에게 무엇을 가르쳐야 하는지에 대해 학생들과 함께 고민해 보고자 했다.

　영화 〈아이로봇〉은 마침 인공지능 로봇이 널리 상용화된 미래를 그리는 영화로, 메시지 역시 내가 학생들과 함께 토론하고자 했던 부분과 부합했다. 초등학생에게 보여 주기에 다소 무겁고 암울한 미래상일지는 모르겠으나, 우리 학생들이 어떤 상황이 와도 주인공과 같이 깨어 있는 사람이 되기를 바라는 마음에서 선정하여 수업하였다.

## 영화 줄거리

미래인 2035년, 인간은 지능을 갖춘 로봇에게 생활의 모든 편의를 제공받으며 편리하게 살아가게 된다. 인간의 안전을 최우선으로 하는 '로봇 3원칙'이 내장된 로봇은 인간을 위해 요리하고, 아이들을 돌보며 인간에게 없어서는 안 될 신뢰받는 동반자로 여겨진다.

그러던 어느 날 인공지능 로봇 창시자인 레닝 박사가 미스테리한 죽음을 맞이한다. 젊은 날 사고로 인해 로봇을 불신하게 된 인간형사 스프너(윌 스미스 분)가 이 사건을 조사하기 시작한다. 조사 과정에서 인간을 위협하는 인공지능 로봇이 나타났음을 알게 되는데….

## 영화평

원작 소설을 바탕으로 탄탄한 스토리 라인을 가지고 있으며 많은 볼거리와 액션, 자연스러운 CG 등 영화적 가치도 높은 웰 메이드 영화라고 할 수 있다. 화려한 거대자본의 할리우드 영화라는 점은 교육적으로 단점으로 다가오는 점도 있을 수 있지만 학생들의 집중력을 부가적인 노력 없이 사로잡을 수 있다는 큰 장점 역시 지니고 있다. 또한 비교적 가까운 미래 SF이고 현실적인 부분이 많아서 학생들의 공감을 이끌어 내기 쉽다는 장점을 지니고 있다. 다만 5, 6학년에게도 조금 심오할 수 있는 내용이므로 중학교에 더 추천하고 싶다. 대신 그만큼 학생의 생각을 넓힐 수 있고 심도 깊은 질문이 있는 수업이 가능한 영화라고 할 수 있겠다.

# 수업 디자인하기

**교과 역량**

| | |
|---|---|
| 국어과 | 비판적 창의적 사고 역량, 자기성찰 계발 역량 |
| 도덕과 | 자기존중 및 관리 능력 |
| 진로 | 생활자립 능력, 실천적 문제해결 능력 |

수업 전 영화 꿀팁

영화 시작 장면에 남자 주인공의 샤워 장면이 나온다. 익살스럽게 혼자 샤워하는 장면이긴 하나, 엉덩이 노출이 있으니 주의하여 스킵하거나, 꼭 필요한 장면은 아니니 과감히 뒷부분부터 시작해도 된다. 12세 관람가이기는 하나 다소 폭력적인 장면이나 애정씬 등이 등장함으로 초등학교 현장에서 사용할 경우 6학년부터 수업에서 사용하기를 권장한다. 또한 외화인 관계로 자막으로 읽어야 하는 점, 그리고 영화 내용이 마냥 이해하기 쉽지만은 않고 (다소 고차원적인 개념에 대한 은유적, 비유적 표현이 종종 등장한다.) 무거운 분위기라는 점에서 6학년임에도 불구하고 다소 힘들어 하는 학생이 한 학급에 1~2명 정도 있을 수 있다. 실제로 이 수업을 적용했던 해에 한 학생이 영화 시작 30분 만에 이해가 어렵다는 이유로 시청을 포기해서 매우 당혹스러웠던 적이 있다. 물론 다른 모든 과목에서도 학습에 대한 무기력증과 학업이 거의 중단된 학생이긴 했지만, 이 사례를 고려하여 맡은 학급의 수준에 따라 도입 여부를 고민할 필요가 있을 것 같다.

영화 체크리스트

| 영역 | 내용 | 확인 | | |
|---|---|---|---|---|
| | | 상 | 중 | 하 |
| 영화선정기준 | 학생의 발달단계와 흥미를 유발 | | V | |
| | 교육과정과 연계 | V | | |
| | 종교, 정치, 인종 편향적인 내용 | | V | |
| | 수업에 활용하기 쉬운 내용 | | V | |
| | 영화적 경험을 통해 주변과 소통 | V | | |
| 장르 | 액션, SF | | | |
| 인지도 | 관객 평점8, 전문가 평점 9, 교사 평점 9 | | | |
| 관람등급 | 12세 이상 관람가 | | | |

관련 동영상

영화 전체를 보여 주기에 시간적 여유가 없다면 아래 링크를 통해 영화 중반부까지의 요약본을 시청할 수 있다. 시청 후 상상하여 '뒷이야기 시나리오 써 보기' 등의 활동을 한 후 보여 줄 수 있다. 또한 철학적인 질문을 많이 던지는 내용인 만큼 중고등학생에게 더 적합한 영화라고 할 수도 있겠다. 진로에 더욱 관심이 많은 중등학생들에게 아래와 같이 일과 직업의 개념이나, 직업관에 대한 한 차원 높은 질문들을 던질 수 있겠다.

중등 수업 시 질문 예시

로봇이 사람의 모든 일을 대신하면 인간은 행복할 수 있을까? / 사람은 왜 일을 할까? 사회에 필요한 일이라서? 후자라면 로봇이 모든 필요한 일들을 대신하게 된다면 어떨까? / 일을 할 필요가 없다면 사람은 무엇을 하며 시간을 보내게 될까? 어떤 문제가 생길까? 또는 행복할 수 있을까?

**차시** 영화를 보기 전에

활동1 　　　 인공지능이란?

① 인공지능이라는 개념이 다소 생소할 수 있는 학생들에게 영상을 통해 설명해 준다.

② 인공지능에 대한 두 가지 관점을 다룬 두 영상(활동지 참고)을 보여 주고 각각 인공지능의 미래에 대해 어떤 관점을 지니고 있는지 찾아본다. (국어–다양한 관점)

③ 관점을 찾아본 후 나는 인공지능이 가져다 줄 미래에 대해서 어떻게 생각하는지 간단히 생각을 정리하는 시간을 가진다.

④ 포스터를 보고 어떤 내용의 영화일지 줄거리를 예측해 본다.

활동 2 　　　 **영화 보며 내용 파악하기**

영화를 감상하며 간단히 줄거리를 파악하고, 또 기억에 남는 대사를 써 본다. 다소 철학적인 대사가 많기 때문에, 우선 감상하면서 필기해 두고 감상 후에 함께 의미를 파악해 볼 것이라고 미리 영화 감상 전에 이야기한다.

## 영화 감상 후 : 미래에 대한 내 생각

**활동1　　생각 정리하기**

활동지의 예시 질문을 통해 학생들이 영화를 보며 고민한 내용을 정리한다.

**활동2　　생각 나누기**

각 문제에 대한 답변을 다양한 방식의 토의, 토론 활동으로 나누어 본다. 이 과정에서 영화에 대한 감상을 자연스럽게 주고 받을 수 있고 또 단편적으로 가졌던 생각을 확장시킬 수 있다. 이 활동에서 자신의 관점과 생각을 명료화하여 글을 쓸 수 있다.

**활동3　　2035년, 세계는 어떤 모습일까?**

영화의 배경인 2035년을 주제로 본인의 생각과 상상력을 더해 미래 사회상을 글로 표현해 보고 또 이를 현재 우리의 삶과 연과지어 글을 쓸 수 있도록 지도한다. 앞선 질문에 대한 답변들과 생각나누기 활동을 통해 명료화한 자신의 생각을 정리하는 시간이다.

이후 다시 1차시의 국어-다양한 관점으로 돌아와, 반 학생들이 쓴 글을 서로 돌려 읽으며 친구들이 가진 관점을 글을 읽고 유추하는 활동을 추가하여 수업을 연결할 수 있다.

활동지

① 만약 감정을 가진 인공지능 로봇이 등장한다면 우리는 과연 그들을 사람처럼 대할 수 있을까?

② 로봇이 점점 발전한다고 해서 과연 인간들의 삶의 한 부분을 맡을 수 있을까? 인간은 그것을 받아들일 준비가 되어 있을까?

③ 인간과 감정을 가진 인공지능의 차이는 무엇일까? 어느 것의 목숨이 더 가치 있다고 할 수 있을까?

④ 영화 속 대사 중 이해가 되지 않거나 함께 토의해 볼 만한 대사를 소개해 보자.

 영화 감상 후 : 미래 진로 탐색

활동 1    미래의 직업들

영상을 감상하고, 인공지능의 발달과 함께 성장하거나 새롭게 떠오르는 직업에는 어떤 것들이 있을지 고민해 볼 수 있도록 지도한다. 이때, 막연히 떠올리기보다 의미 있는 직업이 어떻게 발전할 수 있을지, 또는 어떤 직업들은 대체되어 사라질 것 같은지 생각해 보도록 하면 학생들이 보다 쉽게 접근할 수 있다.

활동 2    나의 미래 그리기

미래 직업 중 나의 흥미와 적성에 적합한 직업들을 선택하여 20년 뒤 나의 명함을 만든다. 명함을 만든 후 학생들은 한 명씩 학급에서 발표를 하며 자신의 꿈을 다짐하는 시간을 가진다.

활동 3        실천하기

　장래 희망을 이루기 위해, 그리고 미래에 적응하기 위해 내가 어떤 역량을 길러야 하는지, 부족한 부분이나 더 발전시킬 수 있는 부분을 스스로 점검한다. 꾸준히 이를 실천하기 위한 계획서를 완성하여 정해진 기간 동안 이를 꾸준히 실천한다. 이는 도덕과 수행평가로 사용할 수 있다.

**※ 영화 감상 후: 미래에 대한 내 생각**

1. 만약 감정을 가진 인공지능 로봇이 등장한다면 우리는 과연 그들을 사람처럼 대할 수 있을까?

> 로봇을 단지 일을 대신해주는 하나의 도움 장치 기계로만 대할 것이다.
> 더 위험하게 느껴져서 거부감이 들 것이다.

2. 로봇이 점점 발전한다고 해서 과연 인간들의 삶의 한 부분을 맡을 수 있을까? 인간은 그것을 받아들일 준비가 되어 있을까?

> 인간이 할 일이 사라지고 필요성이 없어질 수도 있을 것이다.
> 로봇이 우리의 삶에 점점 스며들 것이다.

3. 인간과 감정을 가진 인공지능의 차이는 무엇일까? 어느 것의 목숨이 더 가치 있다고 할 수 있을까?

> 인간은 살과 생명을 가진 존재이다. 또 인간은 만들어 지는데 오랜
> 시간이 걸리지만 로봇은 쉽게 찍어 낼 수 있다. 따라서 아무리 감정
> 이 있더라도 로봇보다 인간의 목숨이 더 소중하다고 생각한다.

5. 이 외에 떠오르는 의문점을 1가지 이상 생각해 보자. (함께 토의 해 봅시다.)

> 써니는 나쁜놈일까 착한 놈일까? 로봇을 왜 충전을 하지 않을까?
> 써니는 왜 감정이 생겼을까? 로봇이 자신에게 주어진 것 이외의 일을
> 실행할 수 있을까? 래닝 박사는 어떤 계기로 로봇을 만들게 되었을까?

6. 2035년, 세계는 어떤 모습일까? 나는 어떤 삶을 살고 있을까?

_____

_____

_____

_____

_____

_____

_____

_____

---

※ **영화 감상 후: 미래 진로 탐색**

**영상 자료:** 인공지능이란? 미래부에서 알려드립니다.

1. 영상 자료를 보고, 로봇(인공지능)이 대체할 수 없는 것은 무엇일까? 이유와 함께 써 보시오.

> 사람들의 각종 감성 표현, 사람들의 마음. 분노, 사랑, 마음에서 우러나
> 는 느낌, 온고지신의 가치, 감정, 살인 등

2. 미래 사회에는 어떤 가치가 중요(필요)할까? 이유와 함께 써 보시오.

> 온고지신, 인간의 가치, 보람, 목표, 즐거움, 열정, 자아실현, 일을 로봇에
> 게 넘기지 않는 것, 환경, 숨품, 생명
> **풍부한 인간적 감성과 첨단 연구개발(R&D) 능력**

3. 어떤 직업이 살아남을 것인가? 이유와 함께 써 보시오.

> **사라질 것 같은 직업**: 의사, 간호사, 대통령, 경찰, 우주비행사, 비행사, 사서, 정비, 경찰
> --단순 반복을 요하는 직업이나 위험한 일, 힘을 요하는 일은 사라지고 창의적인 직업만이
> 살아남을 것.
> **살아남을 것 같은 직업**: 왕/왕자/공주, 대통령 - 상징적인 직업이라서,
>  심리상담사, 정신과 의사, 가수, 교사, 웃음치료사, 음악치료사, 작가, 화가, 만화가 - 누
> 군가와 감성과 진실된 감정을 통해 마음을 전달하는 직업이라서.
> 발명가 - 인간의 창의성은 로봇이 흉내 낼 수 없기 때문에.
> 과학자, 프로그래머 - 과학의 중요성이 더 커지고 로봇을 조종해야 함으로.
> 선생님 - 수업은 로봇이 할 수 있지만 학생들이 가까이 하기에 어렵기 때문.

4. 어떤 직업들이 새로 생길 것인가? 이유와 함께 써 보시오.

> 로봇 컨설턴트, 로봇 관리사, 로봇 폐쇄사, 우주여행 가이드,
> 로봇 a/s기사, 로봇 거래소, 로봇 매립지, 성격 프로그래머 (자
> 신의 입맛에 맞게 로봇 성격 조작), 로봇 발전사, 기타 관련 과
> 학직업 / 3D 프린터 소재 전문가, 잉크 개발자, 패션 디자이너,
> 음식 프린터 요리사/ 드론 조종사, 설계사, 정비사, 임대업 / 데
> 이터 폐기물 관리자, 개인정보 보호 관리자, 실버 산업 관련 직
> 업/ 환경 관련 직업

5. 2035년, 나의 미래 명함을 만들어 발표 해 봅시다.

6. 나의 꿈을 이루기 위한 실천 계획서를 만들어 실천해 봅시다.

## 08 어거스트 러쉬

# All I have to do is Listen.

이정민 서울신서초등학교

우리 반 강군은 여러 가지 소리 내기를 좋아한다. 글을 쓰거나 오답노트를 쓰다 말고 손으로 물건을 두드려 리듬을 타고, 이유 없이 돌고래 소리를 내어 모두를 당황케 한다. 당황한 것도 잠시, 교실은 아이들의 돌고래 떼 소리로 가득 찬다. 아이들은 어쩜 그리 창의적인지 처음 들어 보는 소리들을 찾아내어 뽐내듯 표현한다. 그런 강군에게 최근에 변성기가 왔다. 리듬 치기나 괴성 지르기는 포기하지 않는 끈기 있는 강군이지만 '맑은 소리로 예쁘게' 불러야 하는 동요만큼은 두려운 모양이다. 선뜻 나서지 않는다. 한편, 작년에 4학년 담임을 할 때 거의 아무런 소리도 내지 않는 과묵한 친구가 있었다. 글쓰기 능력이 탁월했던 시우의 목소리를 듣고 싶어 안날 난 나는 음악시간에 소리를 내도록 하기 위해서는 먼저 음악을 좋아하게 만들 무언가가 필요하다는 결론에 이른다. 변성기의 강군도, 이야기를 재미있게 쓰는 조용한 시우도 모두 즐거운 음악시간을 위해 리듬을 만들고 극으로 표현하는 난타를 떠올렸다.

초등학교 음악교과에는 난타극을 만드는 수업이 있다. 음악을 단순히 따라 부르거나 연주하는 것이 아니라 학생들이 소리를 찾고 이야기를 만들어서 음악극의 형태로 표현하는 수업이다. 그러나 이야기의 구성요소를 이제 막 배운 아이들에게 기승전결이 있는 완결된 이야기를 만들고, 이것을 소리

## 어거스트 러쉬(August Rush)

감독 커스틴 쉐리단 개봉 2007. 11. 29
상영시간 113분

로 표현하도록 계획하고 연습하는 것은 쉬운 일이 아니다. 특히 만들어낸 소리를 음표로 바꾸어 표기하는 것은 더더욱 난타수업을 어렵게 만든다.

난타의 가장 큰 특징은 언어가 아닌 박자와 소리를 중심으로 극이 이루어진다는 것이다. 때문에 난타 수업의 가장 기본은 주변의 소리를 찾는 것이다. 소리를 찾은 후에 비로소 여러 소리를 리듬감 있게 표현하고 조화롭게 연주할 수 있다. 이 과정에서 아이들이 부담 없이 주변의 소리를 탐색하고 아이디어를 얻을 수 있는 다양한 방법이 필요하였다. 여러 영상과 책 등 자료를 찾아보다가 문득 영화 〈어거스트 러쉬〉가 그 역할을 할 수 있을 것이라 생각하였다.

영화의 주제는 영화의 가장 처음과 마지막에 나오는 대사로 요약된다. "Music is all around us. All you have to do is listen."이 그것이다. 난타를 처음 시작하는 학생들은 이 영화를 통해서 다양한 소리를 간접적으로 체험할 수 있다. 또한 지나가는 자동차 소리, 발자국 소리, 공사장 소리 등 소리가 우리 생활 곳곳에 늘 존재한다는 것을 자연스럽게 알고, 그러한 소리를 찾아서 소리내어 볼 수 있을 것이다.

## 영화 줄거리

영화의 주인공 에반 테일러는 자연이나 일상에서 음악을 찾아내는 놀라운 음악적 재능을 가진 아이지만 태어나면서부터 고아원에 맡겨진다. 에반은 부모님의 얼굴을 한 번도 본 적이 없지만 자신의 부모님이 음악을 통해서 자신과 연결되어 있다고 느낀다. 그러나 고아원 아이들은 언젠가 부모님을 만날 것이라고 굳게 믿는 에반을 탐탁치 않게 생각한다. 따돌림까지 당하게 된 에반은 그날로 고아원을 뛰쳐나와 혼자 뉴욕으로 향한다. 뉴욕에서 아이들을 모아 버스킹을 시키며 돈을 모아 살아가는 위저드를 만난다. 위저드는 에반의 천재적인 재능을 알아보고 그 재능을 살릴 기회를 주며 에반을 키운다. 이후 에반은 '어거스트 러쉬'라는 이름으로 뉴욕 거리에서 연주를 하며 생활한다.

## 영화평

〈어거스트 러쉬〉는 세상만물이 음악으로 연결돼 있다고 말한다. 또한 세상 어디에나 음악이 존재하며, 귀를 기울이면 언제나 음악을 들을 수 있다는 메시지를 준다. 주인공 에반과 에반의 부모 라일라와 루이스는 모두 '음악을 따라서' 발걸음을 옮긴 결과 서로 만날 수 있었다. 에반은 영화의 처음과 끝에서 "Music is all around us. All you have to do is listen."이라고 말하며, 스스로 음악을 연주하면 부모님이 들을 수 있을 거라고 처음부터 믿어 의심치 않는다. 〈어거스트 러쉬〉는 이처럼 음악의 힘을 강조하며, 사람들로 하여금 주변의 소리에 관심을 가지도록 한다.

이 영화의 주제는 소리를 탐색하고 음악의 기본적 요소를 느껴야 하는 학생들에게 매우 적합하다. 또한 중간 중간의 극적인 내용과 훈훈한 마무리가 학생들의 흥미와 관심을 불러일으킨다.

**교과 역량**

| | |
|---|---|
| 음악과 | 음악적 창의융합 사고, 음악적 소통 |
| 국어과 | 창의적 사고, 의사소통, 문화향유 |
| 미술과 | 미적 감수성 |

수업 전 영화 꿀팁

영화 〈어거스트 러쉬〉는 크게 주인공 에반 테일러가 '음악을 따라가는' 부분과 주인공의 부모 이야기로 나뉜다. 이 중, 난타 수업을 위해 본격적으로 논의되고 활용되는 부분은 주인공 에반의 이야기이다. 영화의 호흡이 길고 다양한 이야기가 전개되기 때문에 영화 중간 부분에서 학생들의 집중력이 흐트러질 수 있다. 따라서 필요한 경우 주인공이 다양한 소리를 인식하고 음악으로 표현하는 장면들을 편집하여 보여 주어도 무방하다.

난타는 소리를 극의 형태로 보여 준다. 따라서 난타에도 이야기가 필요하며, 이야기의 구성요소를 파악하고 간단한 이야기를 만들어 보는 국어과 활동과 연계해야 좀 더 완결성 있는 난타 만들기가 가능해진다. 이 때, 이야기를 혼자 만들고 표현하기는 매우 어렵기 때문에 모둠활동으로 구성하는 것을 추천한다. 학생 수에 맞추어 4~8 사이의 인원을 한 모둠으로 하는 것이 적절하며, 상황에 따라 다양한 모둠 구성이 이루어지도록 한다면 다양한 극이 창작될 수 있을 것이다.

## 영화 체크리스트

| 영역 | 내용 | 확인 | | |
|---|---|---|---|---|
| | | 상 | 중 | 하 |
| 영화선정기준 | 학생의 발달단계와 흥미를 유발 | V | | |
| | 교육과정과 연계 | V | | |
| | 종교, 정치, 인종 편향적인 내용 | | V | |
| | 교육내용 재구성이 쉬움 | V | | |
| | 삶과 연계한 경험제공 | V | | |
| | 소통과 공감능력 | V | | |
| 장르 | 가족, 드라마 | | | |
| 인지도 | 관객 평점 9, 전문가 평점 5, 교사 평점 8 | | | |
| 관람등급 | 전체관람가 | | | |

이 수업 내용은 4학년 음악 교과서에서 직접 다루고 있다. 그러나 학년 구분 없이 음악에 흥미를 가지고 음악에 좀 더 친밀함을 느끼도록 하는 수업이라면 어디에나 적용 가능하다.

중고등학생 역시 어려운 음악이론 수업에 앞서 학생들의 참여를 이끌어내는 데에 더 없이 훌륭한 수업이 될 것이다. 특히 이 내용을 음표와 리듬에 관한 이론적 지식과 접목시킨다면 좀 더 전문적인 음악교육도 가능할 것이다.

관련 동영상

• 난타공연 영상 이외에도 주변 여러 사물을 이용해서 소리의 어울림을 만들어낼 수 있다는 것을 다양한 영상을 통해 확인할 수 있다.

수업하기

## 1차시　영화를 보기 전, 영화를 보면서

활동 1　　**난타를 주제로 이야기 나누기**

난타를 본 경험이 있는지, 난타가 무엇인지 이야기를 나누며 학생들의 사전지식을 알아본다. 난타공연의 일부를 보여 준 후에 난타의 특징이 무엇인지, 어떤 점이 인상적인지 이야기를 나누며, 난타극을 만들려면 어떤 요소가 필요한지를 함께 살펴본다.

활동 2　　**영화 보며 이야기 나누기**

〈어거스트 러쉬〉의 줄거리를 함께 파악한다. 이야기의 구성요소인 인물, 사건, 배경에 대하여 이야기를 나눈다. 또한 영화에 나온 다양한 소리를 찾아보고 영화의 주변 소음이 어떻게 소리가 되었는지 살펴본다. 이 과정에서 소리가 조화롭게 나기 위해서 어떤 것이 필요할지, 한 가지의 물체가 어떻게 다른 방식으로 표현될 수 있는지 등을 찾아본다.

**차시** 영화 감상 후 (난타의 기본 요소 이해)

활동 1　　　　이야기 구성요소 간의 관계 파악하기

전 차시에서 이야기의 구성요소를 찾아보았다면, 이번 차시에서는 구성요소 사이의 관계에 초점을 맞추어 이야기를 살펴본다. 인물의 성격과 배경이 사건전개에 어떤 영향을 미쳤는지 확인하는 과정을 통해 이야기를 만들 때 이야기의 구성요소를 고려할 수 있도록 한다.


활동 2　　　　구성요소와 소리 살펴보기

이야기의 구성요소가 어떻게 소리로 나타나는지를 살펴본다. 인물의 감정에 따라 주변의 소리가 어떻게 달라지는지, 배경이 바뀌면서 어떤 소리가 더해지고 어떤 소리가 사라지는지를 파악한다. 이 과정에서 학생들은 자연스럽게 배경에 어울리는 물건으로 배경에 어울리는 소리를 내야 한다는 것을 알 수 있도록 한다.


활동 3　　　　소리 탐색하기

생활 주변에서 다양한 소리를 찾아본다. 자신의 주변에서 보이는 물건들로 어떤 소리를 만들 수 있는지 탐색할 시간을 충분히 준다. 작은 소리부터 크게 나는 소리까지 다양하게 찾아볼 수 있도록 학생들을 관찰하며 안내한다.


활동지

1, 2차시의 활동지로 활동지를 차시별로 나누지 않고 연달아 수업하였다. 기본적인 내용은 교사가 미리 제작하였으나 학교급별로 학생들의 영화 이해 정도를 반영하여 내용을 조정할 수 있다. 수업에 사용한 예시는 다

음과 같다.

① 〈어거스트 러쉬〉의 인물, 사건, 배경을 살펴봅시다.

예시답안) 인물은 에반 테일러, 그의 엄마 라일라와 아빠 루이스가 있었고, 배경은 미국 뉴욕이다.

② 영화에 나온 소리에는 어떤 것이 있었습니까?

예시답안) 자동차 소리, 지하철 경적소리, 공사장에서 공사하는 소리, 스케이트보드 소리, 바람소리, 새소리 등

③ 〈어거스트 러쉬〉의 인물의 성격과 배경이 사건 전개에 미친 영향은 무엇입니까?

④ 내 주변의 소리는 어떤 것이 있는지 살펴보고 다양한 기준으로 분류해 봅시다.

예시답안) 블라인드 줄 움직이는 소리, 발 끄는 소리, 발 구르는 소리, 책 넘기는 소리, 볼펜의 딸깍이는 소리 등

 영화 감상 후 (난타 계획하기)

활동 1    기본박과 소리 이해하기

소리가 조화를 이루기 위해서는 가장 기본적으로 박자가 맞아야 한다. 이를 위하여 기본박과 변형박에 대하여 이야기를 나눈다. 기본박은 여러 리듬이 섞여 있는 중에서 가장 중심이 되는 박을 말한다. 다른 모든 리듬이 기본박에 맞게 진행되므로 기본박은 크고 분명하며 일정해야 한다. 실제 연주함에 있어서도 힘 있고 크고 규칙적으로 연주할 수 있도록 지도한다.

활동 2    이야기 만들기

소리로 표현할 이야기를 만든다. 이 단계에서는 주변 생활에서 있을 법한 이야기를 꾸미도록 지도한다. 이야기의 구성요소인 인물, 사건, 배경을 분명하게 할 때 표현하기가 용이하므로 구성요소를 생각하며 이야기를 만들 수 있도록 한다. 이 때, 난타극의 특성상 배경이 바뀔 때 무대 전환을 빠르게 하기가 어려우므로 배경의 변화는 최소화하고 인물과 사건 중심으로 이야기를 풀어갈 수 있도록 안내한다.

활동 3    소리 입히기

주변의 소리를 탐색하여 어떤 소리가 이야기에 어울릴지 찾아보도록 한다. 소리를 탐색할 때는 어떤 소리로 기본박을 표현할 수 있는지도 찾도록 한다. 기본박에 대한 이해를 바탕으로 책상을 두드리거나 발을 구르는 등 크고 분명한 소리를 찾도록 한다. 기본박을 찾은 후에는 변형장단에 어울리는 소리 역시 찾아보도록 한다. 변형장단은 리듬의 변화가 다양하고 작게 쪼개져서 빠르게 칠 수 있어야 하므로, 쉽게 움직여서 낼 수 있는 소리를 찾도록 한다.

소리를 탐색한 이후에는 이야기의 구성에 맞게 소리를 입힌다. 시작은 기본박으로 하는 것이 연주하기에 좋고, 연주가 계속됨에 따라 변형박이 추가되는 방식이 가장 안정적인 연주 순서이다. 인물의 성격과 사건의 전개에 어울리도록 소리 크기와 빠르기를 다르게 할 수 있음을 지도한다.

활동지

① 이야기를 만들어 줄거리를 정리해 봅시다.

② 이야기에 나올만한 소리를 찾아봅시다.

③ 기본박과 변형박을 연주할 악기를 생각해 봅시다.

### 영화 감상 후 (난타 연습 후 발표하기)

활동1 **난타 연습하기**

만든 이야기에 어울리는 난타를 만들어 연습한다. 이때, 연습을 거듭하면서 표현하기 어려운 부분을 어떻게 해결할 수 있을지 끊임없이 토의한다.

활동2 **난타 발표하기**

모둠 혹은 분단별로 만든 난타를 다른 사람들 앞에서 발표한다. 발표가 끝날 때마다 인상적인 점을 서로 이야기하면서 난타에 들어 있는 이야기 구성 요소와 음악적 요소를 함께 찾는다.

## <세계를 두드리는 난타>
### - 난타 연주 계획서 -

◉이야기를 만들기 - 줄거리를 정리해 봅시다.
(줄거리를 쓸 때에는 국어시간 '이야기 간추리기'에서 배운 내용을 생각하여 사건을 중심으로 정리해 봅시다.)

| 배경 | 교실 |
|---|---|
| 등장인물 | 선생님, 학생들 |
| 사건 | 1. 선생님께서 잠시 청소를 맡기고, 교무실에 가신다. |
| | 2. 학생 1명이 먼저 리듬을 타며 시작하며 난타가 시작된다. |
| | 3. 그러면서 점점 청소 분위기를 낸다. |
| | 4. 선생님이 들어오시는 순간에 청소하는 척 한다 |

◉소리 탐색하기 - 이야기에 나오는 소리를 찾아봅시다.
① 사건에 핵심이 되는 소리는 무엇인가요?
(예시) 도마 위에 칼질하는 소리

쓰레받기 ( 치기 )

② 각 장면에 추가할 수 있는 소리는 무엇인가요?
(예시) 물병을 흔드는 소리

쓰레기통 뚜껑 - 마주쳐서 치기 / 쓰레받기 - 비비
기, 치기/ 복도 창문 - 열고 닫기 / 블라인드 - 올리기, 내
리기 ( 반복 ) 등 등.

◉리듬을 탐색해 봅시다.
① 기본 리듬 : 중심이 되는 박자와 리듬을 정한 후, 어떤 소리로 기본리듬을 연주할지 정해봅시다.
② 변형 리듬 : 중심 박자를 쪼개거나 새로운 박을 더하여 변형리듬을 만들어 봅시다.

◉난타를 완성해 봅시다.
- 소리를 모두 더하여 어울리는지 들어보고 보완해 봅시다.
- 동작을 더하여 난타를 완성하여 봅시다.

| | | <이야기가 있는 음악> | 6학년 4반 ( 2 )분단 |
|---|---|---|---|
| | | - 난타 연주 계획서 - | 이름 : |

◉ **이야기를 만들기 - 줄거리를 정리해 봅시다.**
(줄거리를 쓸 때에는 국어시간에 배운 내용을 생각하여 이야기의 구성요소를 중심으로 정리해 봅시다.)

| (발단) (전개) | 배경 | 시간적 배경 | 늦은밤 |
|---|---|---|---|
| | | 공간적 배경 | 낡은 빌라 |
| | 등장인물 | 기본북 1,2,3 , 귀신 (이상한 소리) , 여학생 (비명, 발소리) , 변형북 1,2 , 엘레베이터 , 전등 | |
| | 사건 | 1. 늦은밤 공부를 하고 돌아온 한 여학생이 집으로 돌아오기 위해 엘레베이터를 탔다. | |
| | | 2. 엘레베이터 안에서 갑자기 전등이 잠시 꺼졌고, 여학생은 무서워서 얼른 내렸다. | |
| | | 3. 엘레베이터에서 내리고, 이상한 소음이 들려왔다. | |
| | | 4. 이상한 소음이 들려오자, 뒤를 돌아보았다. 여학생 | |
| | | 5. 그러자 귀신이 나타났고, 여학생은 비명을 지르며 도망갔다 | |

# 명화란 무엇인가?

오지원 공릉중학교

    학교 미술 시간, 서양미술사 수업을 통해 학생들은 명화를 접하게 된다. 그러나 수많은 명화를 접하면서도 그것이 왜 명화가 되는지를 생각해 볼 기회는 드물다. 가령 예를 들어, 오늘날 가장 사랑받는 작가 중 한 명인 고흐의 그림은 누가 봐도 명화이다. 하지만 왜 고흐가 명화인지는 설명할 수 없다. 그림이 비싸서 일까? 아니면 유명해서일까? 그저 명화인 줄만 알 뿐 왜 그것이 '인정'받게 되었는지는 알지 못한다. 그러나 영화 속 고흐는 다른 사람의 그림과 자신의 그림을 보면서 어떤 그림을 그려야 하는지를 끊임없이 되물으며 묵묵히 작업을 이어나간다. 영화 속 고흐는 "봐, 저건 모방한 거야. 시시해."라고 하거나, "능숙해요. 테크닉이 완벽해요. 그렇다고 해서 훌륭한 그림이 될까요? 진실성과 독창성이 있어요?"라고 말하며 그림에 대한 고흐와 감독의 관점을 보여 준다. 그래서 이 영화는 단순히 반 고흐의 생애를 이해하는 영화가 아니라, 명화가 무엇인지 생각하게 하는 영화이다.

    또한 학생들이 고흐의 그림이나 귀를 자른 사건은 알아도 그의 생애에 대해는 잘 알지 못한다. 이 영화는 다소 각색은 있으나 대부분 내용은 사실에 입각하고 있어 이를 통해 고흐의 생애를 알 수 있다. 영화를 보노라면 미술

반 고흐 : 위대한 유산
감독 핌 반 호브 개봉 2014. 10. 30
상영시간 116분

교육 없이 스스로 소신 있게 독학으로 그림을 그리는 고흐의 모습이나, 가족
에게 인정받지 못하고 냉대를 받거나, 동생에게 의지하는 그의 모습을 보면
서 고흐에게 공감대와 연민을 느낄 수 있는 영화이기도 하다.

　오늘날 미술의 매체가 미디어, 설치미술 등으로 다양하게 확장되면서 현
대미술의 회화가 적어졌음에도 불구하고, 여전히 현대미술에서도 명작으로
평가받는 회화작품이 존재하며 현재에도 끊임없이 창작되고 있다. 그렇기
때문에 학생들이 스스로 시각문화를 이해하는 힘을 키우기 위해서는 무엇이
명화인지도 알아야 하지만, 왜 이것이 명화가 되었는지를 스스로 생각해 볼
필요가 있다. 이 수업은 이러한 생각의 기회를 갖기 위해 만들어졌다.

　또한 이 영화를 통해 고흐의 조카 '빌렘 반 고흐'가 어떻게 고흐의 그림들
을 지켰으며 미술관으로 남게 되었는지를 알 수 있다. 만일 빌렘 반 고흐가
그림을 다 팔았다면 그는 부자가 되었겠지만, 오늘날 고흐의 그림은 보다 많
은 사람들에게 사랑받지 못했을 것이다. 학생들은 영화를 보면서 실제 존재
하는 암스테르담의 반 고흐 미술관에 관심을 갖게 되며, 미술작품이 단순히
고가에 거래되는 금전적 가치 이상의 것이라는 것을 배울 수 있을 것이다.

영화 줄거리

고흐 동생, 테오에게는 빌렘 반 고흐라는 아들이 있었다. 빌렘은 고흐 삼촌의 그림을 물려받게 되었고, 고흐 그림을 사려는 사람들의 연락을 지속적으로 받게 된다. 그림을 좋아하면서도 아버지 테오 때문에 복잡한 심정이 있었던 테오는 그림을 어떻게 할지 고민에 빠지게 된다.

한편 과거의 반 고흐는 숙부가 운영하는 구필 화랑에서 일하다가 그만두고 화가가 되고자 한다. 그러던 어느 날 고흐는 아버지가 죽자, 테오와 함께 파리로 떠난다. 테오는 파리에서 형과 함께 지내며 창작활동을 돕고, 고흐는 파리에서 새로운 화풍을 익히게 된다. 결혼 상대가 생긴 테오는 형에게 아를르에서 고갱과 함께 지낼 것을 제안하고, 고흐는 아를르에서 창작활동에 전념한다. 동생에게 아들이 태어나자, 형을 무척 사랑했던 동생은 자신의 아이에게 형의 이름 '반 고흐'를 넣어 이름을 지어 준다. 하지만 모두가 행복할 것 같았던 시간은 지속되지 않았고, 고흐에게 슬픈 일이 일어나게 된다.

영화평

이 영화는 고흐를 다룬 영화 중에서 그의 성장배경과 생애를 가장 포괄적으로 잘 다룬 영화다. 유화 애니메이션 〈러빙 빈센트〉는 완성도는 높으나 고흐의 전체 일대기가 아닌, 후반부 삶만을 다루고 있다. 고흐에 대한 여러 해석과 이미지가 있었지만, 내게 있어서 고흐가 자기 귀를 자른 괴팍한 사람이 아닌, 순수하고 열정적이었던 화가라는 이미지를 주게 된 것도 이 영화 덕분이었다. 실제로 이 영화 이후로 고흐의 긍정적인 점에 초점을 맞춘 〈러빙 빈센트〉와 같은 영화가 만들어졌으니 말이다. 고흐를 쏙 빼닮은 배우의 열연과 등장인물들의 주옥같은 명대사들이 깊은 인상적인 이 영화는 모두에게 훌륭한 감동을 선사할 것이다.

**창의적 사고역량**　　　　폭넓은 기초 지식을 바탕으로 다양한 전문 분야의 지식, 기술, 경험을 융합적으로 활용하여 새로운 것을 창출하는 능력

심미적 감성역량　　　　인간에 대한 이해과 문화적 감수성을 바탕으로 삶의 의미와 가치를 발견하고 향유할 수 있는 능력

수업 전 영화 꿀팁

　영화가 길고, 극적인 사건이 적다 보니 나이가 어릴수록 몰입해 보기는 어려울 것이다. 12세 이상 관람가이고, 느린 이야기 전개나 초반에 등장하는 시엔(고흐의 연인이자 매춘부)이나 누드 크로키 때문에 어린 학생보다는 12세 이후 청소년에게 더 적합할 것이다. 그래서 어린 학생들이 보호자와 함께 시청할 경우 고흐가 감자 먹는 사람들을 그리고, 가족들에게 냉소적 평가를 받는 모습이나, 고갱과 아를르에서 생활하며 아를르의 별이 빛나는 밤을 그리는 장면 위주로 보여 주는 것이 좋을 것 같다.

　영화에서 고흐와 테오의 우애가 잘 나타나며 후반부는 무척 감동적이고 슬프다. 끝까지 영화를 보면서 만일 자신이라면 테오처럼 예술가 형제를 평생 먹여살릴 수 있는지, 가족 간의 우애와 사랑은 무엇인지에 대해 얘기해서 인성교육의 방안으로 활용해도 좋을 것이다. 또한 영화 속에서 등장하는 미술관으로 네덜란드 암스테르담에 있는 반 고흐 미술관을 조사하는 과제를 주어, 학생들이 미술관 및 작품에 대해 알아보는 수업도 추천하고 싶다.

영화 체크리스트

| 영역 | 내용 | 확인 | | |
|---|---|---|---|---|
| | | 상 | 중 | 하 |
| 영화선정기준 | 학생의 발달단계와 흥미를 유발 | V | | |
| | 교육과정과 연계 | V | | |
| | 종교, 정치, 인종 편향적인 내용 | | | V |
| | 수업에 활용하기 쉬운 내용 | V | | |
| | 영화적 경험을 통해 주변과 소통 | V | | |
| 장르 | 드라마 | | | |
| 인지도 | 관객 평점 6, 전문가 평점 8, 교사 평점 8 | | | |
| 관람등급 | 12세 이상 관람 가 | | | |

참고자료

## 1. 참고도서

① 반 고흐(바바라 스톡 저/미메시스) : 반 고흐에 대한 아름다운 그래픽 노블로 학생과 교사가 보기에 무난하다. 고흐의 순수함을 잘 표현한 만화다.

② 속마음을 들킨 위대한 예술가들(서지형 저/시공사) : 영화에 등장하지 않는 반 고흐의 어린 시절 이야기도 나오며 고흐가 왜 이러한 성격을 갖게 되는지 이해할 수 있는 책이다. 고등학생부터 무난하게 볼 수 있을 것 같으나 그 이하의 학생들에게는 어려울 수도 있다. 수업 전 교사가 읽으면 도움이 될 것 같다.

③ 반 고흐, 영혼의 편지(빈센트 반 고흐 저/예담) : 고흐가 동생 테오에게 보낸 편지로 따뜻한 형제애와, 고흐가 자신의 그림에 대해 어떻게 생각했는지를 알 수 있는 책이다. 모든 연령이 봐도 무난하나 고등학생부터 추천하

고 싶다.

## 2. 참고사이트 : 고흐 미술관

https://www.vangoghmuseum.nl/ko/visitor-information-korean?v=1

이 영화는 반 고흐 미술관이 어떻게 만들어졌는가에 대한 이야기과 반 고흐의 일대기를 함께 다루고 있다. 영화 후반부에 등장하는 미술관 사이트를 보여줌으로써 학생들의 지적 호기심을 유발할 수 있다.

## 3. 고흐의 생애

고흐는 1853년 3월 30일 네덜란드의 목회자 집안에서 태어났다. 고흐 어머니 아나는 이미 고흐의 형을 유산한 적이 있었고, 또 다시 아이를 유산할까 봐 고흐에게 마음을 주지 않았다. 엄격한 아버지와 어머니의 슬픔 속에서 사랑과 인정을 받지 못하고 자란 고흐는 자기에게 가학적이면서 이루어질 수 없는 사랑에 집착하는 사람이 되었다. 이런 고흐에게 세상에서 유일하게 손 내밀고 따뜻한 온정을 주었던 사람이 고흐의 동생 테오였다.

테오는 그림이 단 한 점도 팔리지 않았을 때에도, 집에서조차 형을 데리고 떠나라고 할 때도 형을 믿고 도왔다. 고흐가 자살한 지 6개월 후 테오도 생을 마감했고, 많은 고흐 그림들이 테오의 미망인 요한나에게 상속되었다. 요한나 이후 테오의 아들, 빈센트 발렘 반 고흐가 그림들을 물려받게 되었다.

이 영화는 이 테오의 아들이 고흐의 그림을 어떻게 할 것인가 고민에서부터 시작하고 있다. 결국 빈센트 발렘 반 고흐는 그 그림들을 팔거나 외국에 넘기지 않고 시립미술관에 남기기로 하였다. 그것들은 아버지 테오와, 어머니 요한나에 이어서 계속 지켜져 온 빈센트 반 고흐의 '위대한 유산'이었기 때문이다.

영화를 보기 전에

**활동1**　　　　Don McLean의 Starry starry night 감상하기

Starry Starry Night는 돈 맥클란이 반고흐를 추모하기 위해 만든 노래이다. 이 노래의 가사를 통해 반고흐가 어떤 사람이었는지를 생각해 보고, 영상에 등장하는 고흐의 그림들을 음악과 함께 감상할 수 있도록 한다.

영상링크 https://youtu.be/xbBb2dTsal0

**활동2**　　　　반고흐 그림 맞춰 보기

모둠으로 앉은 후 반고흐 그림 카드를 모둠별로 나눠 주고, 5분의 제한 시간을 두고 반고흐의 그림과 아닌 그림을 구분하는 게임을 해 본다. 자료에는 고흐의 그림 5장과, 비슷한 시기에 활동한 후기 인상주의 세잔, 고갱의 그림이 섞여 있다.

| | 고흐, 자화상 | | 고갱,<br>반 고흐 초상화 |
|---|---|---|---|
| | 고흐,<br>별이 빛나는 밤에 | | 세잔,<br>정물화 |
| | 고흐,<br>가셰의 초상 | | 세잔,<br>생 빅투와르 산 |
| | 고흐,<br>감자 먹는 사람들 | | 고갱,<br>아 레아 레아 |
| | 고흐,<br>우키요에 모사작 | | 에밀 버나드,<br>harvest by the sea |

 **23차시    영화를 보면서**

〈반 고흐: 위대한 유산〉(The Van Gogh Legacy, 2013)을 감상한다. 영화를 감상하며 고흐의 생애와 작품 성향에 대해 더 설명해 준다(고흐와 부모님의 관계, 미술 독학 등). 영화 도중 활동지를 작성하는 데 도움이 될 만한 장면은 잠시 멈추고 한 번 더 짚어 준다.

장면1 구필 화랑에서 고흐와 아이의 대화하는 장면
"잘 그리는구나! 훌륭해. 봐, 저건 모방한 거야 시시해. 누구나 할 수 있어. 아무나!"

장면2 구필 화랑에서 고흐와 화가의 대화하는 장면

"능숙해요. 테크닉이 완벽해요. 그렇다고 해서 훌륭한 그림이 될 수 있을까요? 진실성과 독창성이 있어요?"

장면 3  고흐가 화랑을 그만두면서 테오에게 대화하는 장면
"세상에 무녀가를 주고 자라나게 할 거야. 그래, 의미가 있어야 해."

장면 4  고흐가 구필 화랑에서 자신의 그림을 팔고자 숙부와 대화하는 장면
"대중이 원하는 건 진실성과 독창성이에요."
"내 고객은 그렇지 않아."

 영화 감상 후

활동 1          영화에 대해 생각 한 후 활동지 1~3 작성하기

영화에서 고흐의 대사나 관점을 다시 정리한다. 그 후 모둠원들이 각자 1~3번을 작성해 본다. 3번까지 작성 한 후, 각자가 만든 질문을 공유해 보고 가장 괜찮은 질문을 골라 본다.

활동지

과제1 명화란 무엇인가? 명화가 되기 위한 조건은 무엇인가? 그렇다면 반고흐 작품은 왜 명화인가?

• 학생 사례 : 명화는 유명한 그림이다. 오랫동안 사랑을 받아야 한다. 꾸준히 오랫동안 사랑받았기 때문에.

• 학생 사례 : 명화가 되기 위해서는 이 그림을 그릴 때 그리는 사람의 마음

이나 생각을 모조리 그림에다 쏟아부어야 한다. 그렇게 다 쏟아부었을 때 잘 안 되더라도 무한 반복하는 노력이 있어야 한다. 그러한 노력이 있었기에 고흐의 작품은 명화이다.

- 학생 사례 : 명화란 사람들에게 잘 알려지지 않았더라도 사람들에게 영감을 줄 수 있는 것이라고 생각한다.

과제2 나는 반 고흐의 그림을 좋아하는가, 혹은 그렇지 않은가? 그 이유는 무엇인가?

- 학생 사례 : 나는 반고흐의 그림을 좋아하는 편이다. 색채가 마음에 들어서이다. 별이 빛나는 밤이나 '해바라기' 같은 그림을 보면 그림체나 색감이 매우 예쁘다. 특히 별이 빛나는 밤에는 캄캄한 밤하늘을 파도처럼 그린 것이 독특하고 색도 잘 어울리기 때문에 좋아한다.
- 학생 사례 : 나는 반 고흐의 그림을 좋아한다. 왜냐하면 고흐는 누군가의 도움을 받지 않고도 맨 밑바닥부터 정상세계까지 올라온 헌신적인 정신이 마음에 들기 때문이다. 그의 그림을 보면 그의 노력이 느껴져 그림을 좋아한다.

과제3 영화를 보면서 궁금한 질문 1개 만들기

- 학생 사례 : 고흐는 귀를 왜 잘랐을까?
- 학생 사례 : 고흐는 왜 밤하늘을 파란색으로 그렸을까?
- 학생 사례 : 반 고흐는 그림을 왜 그리게 되었을까?

활동 2 모둠별로 1개의 Best 질문을 뽑아 활동지 4 작성하기

모둠별로 활동지 3에 각자 쓴 질문을 공유하고 가장 괜찮은 질문을 선정하도록 한다. 다만 정해진 답이 나오는 질문이어서는 안 되며, 답 또한 의논 없

이 각자 혼자만의 생각으로 적어야 한다. 그래야만 자신만의 관점으로 대답할 수 있기 때문이다.

과제4 모둠에서 Best 질문을 선정하여, 그 질문에 대한 답을 각자 얘기하고 써 보기.

- 학생 사례 : 반 고흐는 그림을 왜 그리게 되었을까?

  집에만 있어서 할게 없어서 찾다가 보니 그림이라는 걸 알아서 그리게 된 것 같다.

- 학생 사례 : 고흐는 귀를 왜 잘랐을까?

  고흐는 남의 평가를 받고 싶지 않아서 귀를 잘랐다.

- 학생 사례: 고흐는 왜 그림을 좋아하게 되었는가?

  어렸을 때 가족들에게 무시당하고 소외를 당하며 그림을 접하게 되었는데 그림을 그릴 때 행복한 느낌이 들어서가 아닐까 생각해 본다.

감상의 세계 - **반고흐**

활동지

과제1. 명화란 무엇인가? 명화가 되기 위한 조건은 무엇인가? 그렇다면 반고흐 작품은 왜 명화인가?

유명한 그림, 모두에게 인정받는 그림 조건 ; 누군가의 것을 베낀 것이 아닌 자신만의 독창성과 사람들에게 영향을 주는 그림
반고흐의 작품은 다른 사람이 그린 작품을 따라하지 않고 자신 만의 독창성이 깊은 그림을 그려 사람들에게 영향을 주니까 때문에

과제2. 나는 반 고흐의 그림을 좋아하는가, 혹은 그렇지 않은가? 그 이유는 무엇인가?

좋아한다. 왜냐하면 너무 사실적 이지도 않고 다른 그림과는 다른 독창성과 개성이 있으며 가장 사람들이 사는 모습을 잘 담았기 때문이다.

과제3. 영화를 보면서 궁금한 질문 1개 만들기

반고흐는 왜 그림을 그렸을까?

과제4. 모둠에서 Best 질문을 선정하여, 그 질문에 대한 답을 각자 얘기하고 써보기.

Best 질문: 반고흐는 왜 귀를 잘랐을까?
답: 자신과 함께하던 고갱이 돈을 받고 자신을 욕화하고 ~~고갱은~~ 자신을 미친 사람으로 본다는 것이 큰 충격을 받아서

**과제1.** 영화란 무엇인가? 영화가 되기 위한 조건은 무엇인가? 그렇다면 반고흐 작품은 왜 명화인가?

영화라는 것은 세상에 지대한 영향을 미치는 그림이라고 한다. 명화가 되기 위해서는, 세상에 영향을 미치기 위해서는 대중의 기억에 남아야 한다(그것이 이재의 대중이라도 말이다!) 고흐의 작품은, 우는 경치로, 밝은 그림이 었던 그 당시 그리 흔들었던 진실을 그림을 그렸다. 그럼에도 그 사람의 개성이 있기 때문에 인정을 받는 명화가 될 수 있었던 거이다.

**과제2.** 나는 반 고흐의 그림을 좋아하는가, 혹은 그렇지 않은가? 그 이유는 무엇인가?

나는 고흐의 그림이 마음에 든다. 왜냐하면 화려해지고 가짜를 좋아하던 시대에서 당당하게 현실을 보여주고자 하는 마음, 그림에서 대체로 묻어 나오는 개성이자 가치관(색깔 따위까지) 그리고 밝은 분위기가 있는 일본 풍의 그림도, 편안함을 준다.

**과제3.** 영화를 보면서 궁금한 질문 1개 만들기

대체 고흐의 동생이 고흐를 고갱에게 보낸 검별된 이유가 무엇일까

**과제4.** 모둠에서 Best 질문을 선정하여, 그 질문에 대한 답을 각자 생각하고 써보기.

Best 질문: 왜 고흐가 자른 부위가 귀일까?
답: 고흐가 지금까지 상처를 받을 때, 상당히 많은 부분을 귀로 들음으로써 받았다. 결정적 원인이 된 것도 상한 말을 들은 것이었다. 그래서 나는 고흐가 귀를 자름으로써 고통에서 (마음의 고통) 조금이나마 벗어나고 싶었을 것이다. 하지만 고막으로 계속 들을 수 있었으므로 끝없이 상처받았을 거 같다.

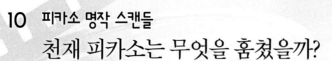

## 10  피카소 명작 스캔들
# 천재 피카소는 무엇을 훔쳤을까?

오지원 공릉중학교

"우리 반의 최카소예요, 선생님."

수업시간에 그림을 잘 그리는 학생이 있으면, 친구들은 친구의 성씨에 피카소의 '카소'를 붙여서 멋지게 그 친구를 불러 준다. 잘 그린다는 말이 없어도, 이미 미술의 대가 '피카소'를 인용해서 부르는 것만으로도 그 학생에게는 최고의 칭찬이다. 학생들도 이토록 널리 아는 현대미술의 대가 피카소, 그러나 정작 피카소에 대해 제대로 배울 기회는 드물다. 피카소는 모든 것을 사실적으로 그려야 한다는 고정관념에서 해방시켜, 미술의 다양한 변화와 전개를 불러일으켰기 때문에 미술사에서 매우 중요한 인물이다.

피카소를 이해하기 위해서 그가 왜 그토록 유명해졌는지, 왜 당시에 인정받게 되었는지를 알아야 한다. 영화 〈피카소 명작 스캔들〉은 무명의 피카소가 어떻게 자신의 작업을 발전시켜 유명해졌는지를 보여 준다. 따라서 초창기 피카소의 삶을 다룬 이 영화가 피카소를 이해하는 데 더없이 좋을 것이라는 생각이 들어 수업을 위해 선택하게 되었다.

미술과 교육과정에는 '다양한 문화권 미술의 변천과정'의 이해에 대한 내용이 있다. 따라서 피카소 작품뿐만 아니라 페니키아 조각, 아프리카 조각 등

## 피카소 명작 스캔들

감독 페르난도 콜로모 개봉 2014. 3. 20
상영시간 96분

다양한 문화권 미술이 등장하는 영화 〈피카소 명작 스캔들〉는 이를 학습하기에도 좋은 재제이다. 학생들은 이 영화의 감상과 수업을 통해서 현대미술의 거장인 피카소에 흥미를 갖고 이해하며, 아프리카 조각이 유럽 미술에 미친 영향을 알게 됨으로써 다양한 문화권 미술의 영향관계를 이해할 수 있을 것이다.

요즘은 미술뿐만 아니라 여러 교과에서 교사와 학생간의 상호작용이 활발한 협동 학습, 실습, 토론 등이 많이 이루어지고 있다. 강의식 수업이 줄어든 덕분에 학생들의 수업 참여도는 높아졌지만 의사소통역량에서 가장 중요한 '경청' 기술의 습득은 다소 경시되는 측면이 있다. 이 수업에서는 토론 모둠과 경청 모둠으로 나뉘어, 경청 모둠은 경청만 하고 나서 나중에 말하게 함으로써 경청 능력을 향상시키고자 하였다.

이 수업을 통해 학생들은 자신과 다른 의견을 주의 깊게 경청하고, 존중하는 능력을 기를 수 있을 것이다.

## 영화 줄거리

무궁한 가능성을 가졌지만, 아직 무명인 스페인 화가 피카소. 가족도 친척도 없이 홀로 예술의 중심지 파리에 정착한 피카소는 파리에서는 새롭게 떠오르는 야수파 미술을, 루브르에서는 고대 페니키아 조각을, 마티스로부터는 아프리카 조각을 접하며 기존 미술에서 벗어난 참신한 화풍을 만들게 된다. 피카소는 새로운 화풍으로 야심차게 '아비뇽의 처녀들'을 공개했지만 예술계의 반응은 싸늘했다. 그러나 기욤 아폴리네르의 도움으로 그의 새로운 미술을 구매하고 후원할 거트루드 남매와 인연을 맺게 되고, 그의 미술이 주목을 받으면서 피카소의 그림은 점차 유명해지게 되었다. 그의 화풍을 추종하고 함께하는 브라크까지 등장하며, 피카소도 어느덧 성공한 화가이자, 입체주의 화가들의 수장이 되었다. 그러던 어느 날, 루브르의 모나리자가 도난당하는 사건이 일어나고, 기욤과 피카소는 용의자로 수사를 받게 된다.

## 영화평

제2차 세계 대전, 레지스탕스 활동, 여러 번의 이혼과 결혼 등 피카소에 관해 극적으로 풀어갈 소재들이 많음에도 감독은 이 영화에서 인간적 피카소가 아닌, 화가 피카소를 보여 주고 싶어 했다. 미술사에 대한 이해를 바탕으로, 왜 피카소가 그러한 입체파의 작품세계를 갖게 되었는지 과정을 보여 준다. 영화의 모티브인 모나리자 도난 사건(1911)은 피카소 생애에 있어서 아주 작은 사건에 불과하다. 그러나 이 사건을 갖고 영화를 만듦으로써, 관객에게는 피카소가 남긴 명언, "평범한 사람은 모방하고 천재는 훔친다."를 상기하게 하고, 결국 그러한 모나리자 같은 환영적인 미술의 시대는 사라지고, 피카소로 인해 현대미술이 시작됨을 전하고 있는 것이다.

# 수업 디자인하기

**심미적 감성 역량**　　인간에 대한 공감적 이해와 문화적 감수성을 바탕으로 삶의 의미와 가치를 발견하고 향유하는 능력

**의사소통 역량**　　다양한 상황에서 자신의 생각과 감정을 효과적으로 표현하고 다른 사람의 의견을 경청하고 존중하는 능력

### 수업 전 영화 꿀팁

　미술사적, 미학적 연구와 고증을 8년에 걸쳐 만든 영화이기 때문에 영화 내용에서 버릴 것이 없고 미술사 교육 자료로 매우 훌륭하다고 생각된다. 15세 관람가이지만 선정적인 내용도 전혀 없다. 다만 미술사적 관점이 강조되기 때문에 서사적 재미나 흥미진진함은 떨어지는 편이다. 뚜렷한 갈등이나 기승전결이 없는 밋밋한 영화이기 때문에 초등학생들은 관람이 다소 지루하고 어려울 수도 있을 것이다.

　이번 수업은 4가지 활동으로 게임, 강의, 영화 감상, 토의로 이루어져 있는데 학생들이 게임이 끝나도 지속적으로 관심을 갖고 영화를 보도록 지도해야 한다. 게임을 할 때에는 반드시 영화 속에 등장하는 작품 및 그 외 피카소 작품을 프린트하여, 학생들이 출력한 그림을 보고 만질 수 있도록 한다.

　또한 피카소를 도와주는 친구들과, 그런 친구들을 나중에 성공해서 돕는 피카소를 보면서 우정에 대해 이야기하여 인성 교육의 방안으로 활용할 수 있을 것이다.

영화 체크리스트

| 영역 | 내용 | 확인 | | |
|---|---|---|---|---|
| | | 상 | 중 | 하 |
| 영화선정기준 | 학생의 발달단계와 흥미를 유발 | V | | |
| | 교육과정과 연계 | V | | |
| | 종교, 정치, 인종 편향적인 내용 | | | V |
| | 수업에 활용하기 쉬운 내용 | V | | |
| | 영화적 경험을 통해 주변과 소통 | V | | |
| 장르 | 드라마 | | | |
| 인지도 | 관객 평점 6, 전문가 평점 8, 교사 평점 8 | | | |
| 관람등급 | 15세 관람가 | | | |

참고자료

1. 참고 도서

피카소(쥘리 비르망, 클레망 우브르리 저/ 미메시스) : 피카소의 초창기 생애를 다룬 그래픽 노블로 영화 속 내용과 거의 비슷하다. 영화와 달리 다소 선정적이고 직설적인 부분도 일부 있으며 무척 두꺼운 만화라 학생들이 읽기엔 적절하지 않을 수 있으나, 교사가 읽으면 피카소의 생애에 대해 보다 잘 알려 줄 수 있을 것이다.

2. 피카소의 생애 및 작품세계

피카소는 1881년 10월 25일 스페인에서 태어났다. 피카소의 아버지는 미술교사였으며 피카소의 타고난 재능을 먼저 알아봤다. 아버지의 노력 끝에 피카소는 14살이라는 최연소 나이로 당시 미술학교를 입학하여, 그 나이에도 성인 수준의 사실적이고 묵직한 유화작품들을 그려 냈다. 그러나 빈번히 듣는 어린아이답지 못한 그림이라는 평가나, 학교 규칙이나 생활이 어려워 학교를 그만두게 되었고, 빈번히 파리로 가출하여 여러 새로운 화풍을 접하게 되었다. 파리의 새로운 미술에 눈뜬 피카소는 가난하고 무일푼이었지만, 파리에 정착하였고 어려운 상황에서도 예술에 대한 열정과 독창성, 친구들의 도움을 받아 예술가로 성장할 수 있었다.

이 영화는 그러한 피카소의 작가 초창기에 대한 이야기이다. 초창기에 피카소의 화풍은 다소 진부하고 평범했는데, 주로 광대 가족들이나 푸른빛의 초상화를 주로 그렸다.

피카소가 그만의 독특한 입체적 화풍을 갖게 된 계기는 다른 미술의 이미지를 훔쳐서 가능했다. 왜 피카소는 모방하지 않고 훔쳤을까? 모방한 것을 보면 우리가 아는 것을 그저 흉내 낸 것 같은 느낌이 든다. 하지만 훔친 것들은 훔친 사실을 모르면 마치 원래의 자신의 것처럼 보인다. 피카소도 그 사실을 알았던 것이다. 페니키아 조각, 아프리카 조각 등은 그 당시 대중적 인지도가 떨어지는 예술작품이었다. 영화에서 보듯이 피카소는 당시 유행하던 야수파 화풍을 모방하지 않고, 과감하게 페니키아 조각과 아프리카 조각의 형태를 훔쳐 자신의 작품에 적용한다. 그의 그림 속 형

태는 사실적이거나 복잡하지 않고, 단순하고 기하학적인 아프리카 조각과 같은 모습을 하고 있다. 이를 통해 피카소는, 그의 그림이 실제 그 대상처럼 보이기를 거부하면서 '사실적 형태'와 '고정시점' 대신에, '기하학적 단순한 형태'와 '다시점'을 그림에 적용해 '입체파'라는 독창적 화풍을 갖게 되었다.

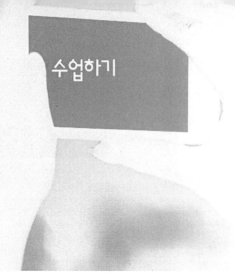

# 수업하기

 **영화를 보기 전에**

활동 1　　　　　**영화 속 작품으로 마피아 게임하기**

게임을 하는 이유 영화의 소재, 스토리 등은 재미가 없을 수도 있다. 학생들이 보다 흥미를 갖고 영화를 몰입해서 보기 위해 마피아 게임을 한다.

**게임방법**

① 학생들이 둥글게 모여 앉는다. 교사는 컬러 프린트한 그림들을 모든 학생들에게 나눠 준다. 학생 인원 수만큼 작품이 필요하기 때문에 이 작품으로만 게임하기는 어렵다. 따라서 원활한 게임을 위해서 영화에 등장하는 작가들(피카소, 마티스, 마리 로랑생)의 작품을 더 찾아서 준비해야 한다. 그림을 나눠 주고 나면 게임 규칙을 말해 주고, 그림의 작가와 작품 제목을 외우는 시간을 준다.

• 이 외에 피카소, 마티스, 마리 로랑생의 여러 작품들을 학생 수만큼 더 추가하기.

• 학생들이 작가 이름과 제목을 외워야 하므로, 반드시 작가명과 제목도 함께 프린트하여 주기.

② 교사는 사회자가 되어 시민, 마피아, 경찰을 정한다. 각 역할에 대한 설명은 다음과 같다.

• 시민 (작품 컬렉터) 모든 학생들 : 보통 미술 작품 소장자를 컬렉터라고 한다. 이 게임에서 모든 시민들은 컬렉터이며 한 사람당 1점의 작품을 갖게 된다. 밤이 오기 전에 도둑을 맞추지 못하면, 컬렉터의 그림은 도둑맞아 사라진다. 경찰이 마피아를 검거하면 작품을 돌려받을 수 있지만, 시민이 자기가 소장했던 그림의 작가와 작품 제목을 말하지 못하면 되찾을 수 없다.

• 마피아(도둑) 3명 : 마피아는 잡히기 전까지 밤마다 1사람당 1개의 작품

을 훔칠 수 있다. 마피아가 모두 검거되기 전까지 게임은 끝나지 않는다.

• 경찰 3명 : 밤이 되면 마피아를 추리하여 검거하는 역할이다.

③ 역할이 정해지면 바로 밤이 온다. 모든 학생들은 손에 그림을 갖고 있고 그 상태에서 눈을 감는다.

④ 회자는 경찰들만 눈을 떠서 마피아가 누군지 추측할 시간을 주고, 경찰들의 추론을 듣는다.

⑤ 경찰의 활동이 끝나면 모두 눈을 감고 마피아들만 눈을 뜬다. 마피아는 사회자에게 훔칠 그림을 눈짓, 손가락 등으로 몰래 알려 주고 사회자가 그림을 대신 빼앗아 온다. 원래 마피아 게임에서도 마피아는 죽일 사람을 조용히 지목만 하지 움직이지 않기 때문에, 사회자가 대신 그림을 훔쳐서 갖고 와야 한다.

⑥ 사회자는 아침이 오는 것을 알리고, 도둑맞은 그림들을 칠판에 붙인다. 붙일 때 작가명, 제목은 안 보이게 접거나 가려서 붙이도록 한다.

⑦ 낮 시간 동안 시민들(콜렉터)과 경찰은 함께 도둑을 추론해 본다. 추론이 충분히 이루어지면 사회자는 '밤'이 되었음을 알린다.

⑧ 밤이 되면 모든 아이들은 눈을 감고, 경찰만 눈을 떠서 누가 마피아인지 사회자에게 지목해서 알려 준다. 만일 마피아가 검거되면 그 마피아는 더 이상 활동하지 못하고, 게임 내에서 발언권도 사라진다. 마피아 3명이 모두 잡히기 전까지 게임은 계속 진행된다.

⑨ 마피아가 검거되면, 사회자는 마피아가 검거되었음을 밝히고 경찰에게 작품을 준다. 경찰은 시민이 작품 제목과 작가를 정확히 맞추면 도둑맞았던 작품들을 주인에게 돌려 준다.

활동 2 　　　　　 피카소 성장과정 및 작품에 대해 알아보기

교사는 영화 보기에 앞서서 이 영화를 보는 이유를 상기시키고, 피카소의
성장과정 및 작품 세계에 대해 알려 준다.

① 질문하기 : 교사는 "피카소는 너무 유명한 화가입니다. 그런데 어떻게
　　피카소가 유명해졌을까요?"라고 물어보고, 칠판에 질문을 적어 본다.
　　학생들의 다양한 답변을 듣고 답변도 칠판에 적는다.

② 영화에 대해 소개하기 : 교사는 "이 영화는 피카소가 어떻게 유명해졌
　　는지 그 과정을 보여 주는 영화입니다. 영화를 보다 보면 알 수 있고, 여
　　러분도 만일 작가가 된다면 어떻게 해야 화가로 주목받고 유명해질 수
　　있는지 배울 수 있습니다." 라고 이야기하여 영화 보는 이유를 상기시켜
　　준다.

③ 피카소의 생애 및 작품세계 알아보기 : 교사는 "이 영화 속 피카소는 다
　　큰 어른이에요. 그 전의 이야기는 영화에 안 나오는데요, 여러분들, 피
　　카소가 여러분 나이였을 때 어땠는지 궁금하지 않나요? 피카소가 어떻
　　게 자랐는지 좀 더 알아보도록 합시다." 라고 말하여 피카소의 성장과정
　　을 알려준다.

**23차시　　영화를 보면서**

〈피카소 : 명작 스캔들〉을 감상한다. 감상 도중 아프리카 조각이 나오는
부분에서는 잠시 멈추고 여기에 피카소가 영향을 받았음을 짚어 준다.

영화 감상 후

활동 1　　　영화 보기 전 질문 다시 생각해 보기

영화를 보기 전, 칠판에 썼던 "어떻게 피카소는 유명해졌을까요?" 질문을 다시 이야기하며, 영화를 보고 나서 학생들의 생각은 어떻게 바뀌었는지 들어본다. 학생들의 다양한 답변을 듣고 인정해 주고 나서, 교사는 이에 대한 대답을 해 준다.

첫째, 피카소는 그가 남긴 명언 "평범한 사람은 모방하고 천재는 훔친다." 는 말처럼 그의 명언처럼 아프리카 미술의 이미지를 훔쳤기(활용했기) 때문에 피카소가 유명해졌습니다. 다른 화가들은 마티스의 그림을 모방하고, 따라했을 때, 피카소는 정말 생소하고 특이한 아프리카 조각, 페니키아 조각의 이미지를 훔쳐서 재해석해서 그림을 그렸기 때문에 남다른 독창적 그림을 그릴 수 있었어요. 만일 피카소의 그림이 흔하고 뻔한 것이었다면 유명해지지 않았을 것입니다.

둘째, 피카소는 친구 기욤이나, 컬렉터 거트루드가 있어서 유명세를 얻을 수 있었습니다. 기욤은 시인이기도 했지만, 언론인이기도 했기 때문에 피카소의 그림을 옹호하고 좋은 비평을 해줄 수 있었어요. 또한 그런 언론인 기욤이 많은 사람들을 알았기 때문에 컬렉터를 피카소에게 소개해줄 수 있었어요. 피카소가 아무리 좋은 작품, 독창적인 작품을 만들어도 그 그림을 감상하고 얘기해 주는 사람, 돈을 주고 그림을 사 주는 사람이 없었다면 유명세를 얻지 못했을 것입니다. 피카소는 이런 기욤과 거트루드와 같은 주위 사람들의 소중함을 잘 알았기 때문에 다음과 같은 명언을 남겼습니다. "그림이란 그것을 보는 사람을 통하여 비로소 생명력을 지니게 되는 것이다."

활동2          토의 모둠과 경청 모둠으로 나누어 토의하기

이 영화를 통해 학생들은 어떻게 피카소의 작품이 유명해졌는지에 대해 알 수 있었다. 하나는 피카소가 진부하고 유명한 것을 모방하지 않고, 낯선 외국 미술 이미지를 훔쳐서 활용해 독창적 미술을 만들어서이고, 또 다른 이유는 친구이자 언론인 기욤과 컬렉터를 통해 작품이 알려지고 인정받아서였다. 이 토의는 2가지 배운 점에 대한 자신의 생각을 이야기해 보는 토의이다.

이 토의 활동은 역할을 정해, 말하는 사람과 듣는 사람을 구분하여 학생들이 적극적으로 참여하도록 구성하였다. 보통 자유롭게 토의하면 말하는 친구만 말을 하고, 듣는 친구는 듣기만 하는데, 제비뽑기로 역할을 정하여 듣는 사람과 말하는 사람의 역할을 미리 정해 두고 함으로써 다양한 토의 경험을 하도록 하였다.

● 토의 방법

① 교사는 6명씩 4개의 모둠으로 나누어, 4개의 제비를 준비한다.

② 각 모둠 리더가 제비를 뽑고, 각 모둠은 자신의 역할을 맡는다. 4개의 제비 내용 및 모둠 두성은 다음과 같다.

| 질문 | 모둠 이름 | 역할 | 역할 설명 |
|---|---|---|---|
| 1. 작가가 독창적인 작품을 만들려면 어떤 노력을 해야 할까요? 내가 생각하는 독창성이란 무엇인가요? | 피카소 | 토의 모둠 | 질문 1에 대해 토의하기 |
| | 입체주의 | 경청 모둠 | 피카소 모둠의 토의를 경청하고 기록하기 |
| 2. 만일 피카소에게 도움을 줬던 친구들이나, 컬렉터가 없었다 해도 피카소는 유명해질 수 있었을까요? | 기욤 | 토의 모둠 | 질문 2에 대해 토의하기 |
| | 컬렉터 | 경청 모둠 | 기욤 모둠의 토의를 경청하고 기록하기 |

③ 모둠은 4개이지만 실질적으로 학급은 2개의 원을 만들어 토의를 진행

한다. 경청 모둠은 말이 잘 안 들릴 때만 질문하여 다시 확인할 뿐 자신의 의견은 이야기하지 않고, 포스트잇에 기억해 두고 싶은 말 등을 잘 듣고 기록한다. 토의 모둠과 경청 모둠은 서로 섞여 앉아 하나의 질문에 대한 의견을 얘기하고 듣는다. 경청 모둠 중 1사람이 사회자를 맡아 진행을 돕는다. 토의 모둠과 경청 모둠의 배치 예시는 다음과 같다.

④ 토의는 주어진 시간(15~20분) 내에 끝내도록 한다. 토의가 끝나면 경청 모둠의 모든 사람이 돌아가면서 토의에 나왔던 의견 중에 인상 깊었던 것 하나씩 이야기하도록 한다. 이야기한 후 모든 기록 포스트잇을 모아서, 토의 모둠에게 보여 주고 잘 경청이 되었는지 확인한다. 함께 포스트잇을 보면서 더 얘기하고 싶은 점에 대해서 자유롭게 더 얘기해 본다.

# 언어적 환경에서 자연스럽게 배우는 중국어

김민경 종암중학교

"선생님 对不起(duìbuqǐ 뚜이부치)와 不好意思(bùhǎoyìsi 부하오이 쓰)가 어떻게 달라요? 이거 같은 뜻이에요?"

학생들에게 외국어를 가르칠 때 종종 마주치는 난감한 상황은 외국어에는 자주 쓰이는 말이지만 우리말에는 잘 쓰이지 않거나, 쓰임이 전혀 달라 학생 들에게 이 말의 뉘앙스를 어떻게 설명해야하는지 고민에 빠질 때이다. 언어 는 그 나라의 문화나 역사를 반영하기 때문에 간혹 외국어의 어떤 말은 우리 말로 직역이 안 될 때가 있다. 다행히 중국어는 우리말과 비교적 비슷한 언 어 체계와 한자 문화권이라는 공통점을 가지고 있어서 단어의 뜻이나 문장 을 언제, 어떻게 사용할 것인지 학생들에게 설명하기 쉽지만, 가끔씩은 중국 어 단어를 바로 대체할 우리말을 찾지 못해, 이 말이 쓰이는 언어적 환경을 구체적으로 설명해야 할 때가 있다. 이렇게 구체적인 상황을 예로 들어 학생 들의 이해를 도울 수도 있지만, 더욱 좋은 방법은 영화를 활용하여 학생들에 게 말이 쓰이는 구체적인 상황과 배경을 제시하는 것이다. 특히 외국어 수업 에서 영화는 살아 있는 교과서이다. 영화는 교과서에서 미처 소개하지 못하 는 실생활에서의 다양한 활용 사례나 현지 사람들의 발음, 억양 등의 외국어

## 나의 소녀시대(我的少女时代)

감독 프랭키 첸 개봉 2016. 5. 11
상영시간 134분

필수 수업 요소들을 가려운 등을 긁어주듯 우리에게 제공해 준다. 특히 영화 〈나의 소녀시대〉는 학교를 배경으로 하기 때문에 중국어 수업에서 배우는 인사말, 자기소개 등의 기본적인 회화문이 자주 등장하여 중국어 수업에서는 최고의 수업자료가 된다. 또한 대만의 일상생활을 소개하며 다소 예민할 수 있는 중국과 대만, 홍콩과의 관계에 대해서도 자연스레 풀어나갈 수 있도록 해준다.

　영화를 통해 학생들은 자신들이 배운 인사말과 자기소개 등의 표현을 알아듣고 영화의 대사를 따라 말하는 기회를 가져봄으로써 학습한 외국어를 바로 알아듣고 사용해 보는 간접적인 경험을 가질 수 있다. 이를 통해 학생들은 외국어를 배우는 재미에 눈을 뜨게 되고 나아가 학습에 대한 동기가 높아질 수 있다. 또한 영화에서 소개되는 현지 문화나 생활양식은 학생들이 언어뿐 아니라 대만과 중국, 나아가 세계문화를 이해하는 데 큰 도움이 된다.

영화 줄거리

"나의 청춘에 있어 줘서 고마워."

야근을 밥먹듯하는 일중독 '린전신'은 이미 회사 부하직원들에게도 인심을 잃은 지 오래다. 자신의 삶에 대해 회의를 느끼던 어느 밤, 우연히 라디오에서 자신의 우상이었던 유덕화의 노래를 듣게 되고 자신의 소녀시절을 떠올리게 된다. 유덕화 부인이 꿈이었던 순수했던 고교 시절의 '린전신', 본의 아니게 학교의 일진 두목 '쉬타이위'와 서로의 짝사랑을 이루어 주기로 약속하며 좌충우돌하는 이야기이다.


영화평

유덕화, 롤러스케이트, 행운의 편지, 하이틴 잡지 등 1990년대 그 시절을 추억하는 소재들을 만날 수 있는 청춘 드라마이다. 바다 건너 대만의 이야기지만 마치 우리나라 1990년대 이야기처럼 너무나 친숙하다. 좌충우돌 소녀 '린전신'과 함께 웃다 보면 어느새 나의 그 시절을 되새겨보며 추억에 잠기게 되는 노스텔이지어 드라마이다.

# 수업 디자인하기

## 교과 역량

| 중국어 | 의사소통역량, 창의적 사고역량, 심미적역량 |

수업 전 영화 꿀팁

　대만의 '건축학개론'으로도 입소문이 날 만큼 학창시절의 풋풋함을 그린 영화이다. 학창시절의 이야기인 만큼 학생들의 몰입도가 높아 두 시간에 걸쳐 학생들에게 제공할 수 도 있지만, 시간이 여의치 않을 때는 줄거리 중심의 편집본을 보여 준 후 학습한 중국어가 활용되는 장면만을 수업시간에 활용할 수 있다. 영화의 OST도 한국 감성에 맞아 수업 전후에 학생들에게 들려준다면 학생들의 중국어에 대한 호감도를 높일 수 있다.

영화 체크리스트

| 영역 | 내용 | 확인 | | |
|---|---|---|---|---|
| | | 상 | 중 | 하 |
| 영화선정기준 | 학생의 발달단계와 흥미를 유발 | V | | |
| | 교육과정과 연계 | V | | |
| | 종교, 정치, 인종 편향적인 내용 | | | V |
| | 수업에 활용하기 쉬운 내용 | V | | |
| | 영화적 경험을 통해 주변과 소통 | V | | |
| 장르 | 멜로 로맨스 / 드라마 | | | |
| 인지도 | 관객 평점 8, 전문가 평점 8, 교사 평점 8 | | | |
| 관람등급 | 15세 관람가 | | | |

수업 활용 팁

대부분의 중학교, 고등학교 중국어 교과서에는 중국의 학교 생활을 소개하는 문화 단원이 있다. 이때에 〈나의 소녀시대〉를 활용하여 중국 문화수업을 진행할 수 있다. 〈나의 소녀시대〉는 학교에서 이루어지는 에피소드를 중심으로 이야기가 흘러가기 때문에 이 영화를 본 후 에피소드별로 한국과 대만의 학교 생활 차이를 모둠별로 찾아보고 비교하는 활동을 진행해도 좋다. 특히 학교 규칙과 같은 또래별 학습도움 사례가 영화에 등장하기 때문에 영화의 장면에서 토론의 주제를 가져와 토론수업을 진행하는 것도 이 영화를 활용하여 진행할 수 있는 수업의 예가 될 수 있다.

# 수업하기

 **차시** 영화를 보기 전에

활동1        학습한 중국어를 복습하기

영화에 나온 대사들을 중심으로 인사하기, 안부 묻기, 자기소개 등 수업시간에 학습한 중국어를 복습한다. 이를 통해 학생들은 학습한 간단한 중국어를 사용하여 자신의 생각과 감정을 표현하고 다른 사람들의 정보를 듣고 이해하는 기초적인 의사소통능력을 키울 수 있다.

활동 2        실제 언어 환경에서 학습한 중국어 사용하기

편집한 영상을 통해 학습한 중국어가 실제 언어 환경에서는 어떻게 사용되는지 알아보도록 한다. 영화의 편집 영상을 틀어 준 후 자신이 배우는 중국어가 들리면 손을 들어 보라고 한다. 비슷한 상황의 다른 영상을 통해 학생들이 직접 알아들은 중국어를 활동지에 써 보도록 한다. 자신이 직접 중국어를 알아듣고 뜻을 이해해 보는 시간을 가짐으로써 학생들은 중국어 학습

에 자신감을 가지고 자신의 학습에 필요한 동기와 적극적인 학습태도를 갖추게 됨으로써 자기 주도적 학습 능력을 키울 수 있다.

활동지

① 중국어의 인사말과 안부 묻기 표현을 써 봅시다.

영화를 보면서

활동

활동지에 빈칸에 자신이 들은 중국어를 쓰고, 활동지에 제시된 대화문이 쓰인 장면을 맞추는 활동을 함으로써 다양한 상황에서 중국어를 활용할 수 있는 의사소통능력을 키운다.

활동지

① 대화문에 빈칸 넣기
② 영화 대화문을 제시하고 어떤 장면에서 나왔는지 알아맞히기

영화 감상 후

활동 1

영화에서 학습한 중국어 중 자신이 알아들은 표현이 어떤 것들이 있었는지 이야기해 보는 시간을 갖도록 한다. 또한 중국어를 자연스레 알아듣고 그

뜻을 이해했을 때의 기분을 함께 이야기해 보는 시간을 갖도록 한다.

활동 2

여러 등장인물을 통해 자신의 자아정체성과 자신의 성향에 대해 생각해 보는 시간을 가짐으로써 성장기와 자아정체성 확립시기의 학생들에게 자기 관리역량을 함양할 수 있도록 한다.

## 12 초한지

# 나는 어떠한 리더가 될 것인가?

김민경 종암중학교

학기 초 중국어 첫 수업시간. 학생들에게 중국에 대한 첫인상을 말해 보라고 하면, 학생들의 대답은 항상 비슷하게 중국에 대해 부정적인 것뿐이었다. 이런 학생들에게 중국을 이해하고 그리고 중국을 대비할 수 있는 능력을 키울 수 있도록 돕는 것이 나의 역할이기 때문에 나에게 있어 중국어를 가르친다는 것은 언어뿐만 아니라 가장 가깝지만 먼 중국을 잘 이해할 수 있도록 풀어나가는 숙제와도 같다고 할 수 있다. 영화를 통해 중국을 가장 잘 이해할 수 있는 문화 내용은 무엇일지 고민해 보던 때, 나에게 눈에 띈 건 '초한지'였다. "그래, 중국인들이 자신의 뿌리라고 생각하는 한나라부터 시작하자!" 라고 마음을 먹고 수업을 준비하기 시작했다. 세부적인 수업 내용을 구성하기 위해 초한지 소설을 읽고, 수업시간에 활용할 부분을 고른 후 영화를 보며 학생들이 초한지의 시대배경, 항우와 유방의 캐릭터 분석, 사자성어의 배경 등을 이해하기 쉽도록 수업 내용을 구성하였다. 처음에는 수업시간에 영화를 본다고 좋아하던 학생들에게 3차시에 걸친 수업내용을 설명하자 그냥 영화만 보면 안 되냐고 볼멘소리도 듣기도 하였다. 하지만 차시가 진행될수록 학생들은 흥미를 가지기 시작했고, 한 번쯤은 들어 봤던 사자성어가 발생한 배

초한지 - 천하대전(White Vengeance)
감독 이인항 개봉 2012. 4. 18
상영시간 137분

경 사건과 항우와 유방 등의 캐릭터를 영화를 통해 이해하게 되면서 중국문화에 대한 이해의 폭을 넓히게 되었다. 특히 마지막 시간에는 자신이 느낀 항우와 유방의 리더십을 통하여 자신이 생각하는 올바른 리더십에 대해 고민하는 시간을 갖으며 영화를 통해 단순한 언어뿐 아니라 전체적인 중국을 이해하는 시간을 가질 수 있었다.

영화 줄거리

『초한지』는 진시황이 죽은 후 진나라의 강력했던 중앙정부의 힘이 쇠퇴할 때 천하의 주인이 되기 위해 여러 영웅들이 나타나 패권을 다투는 과정을 한나라의 첫 황제인 유방을 중심으로 이야기를 풀어가는 서사소설이다.

이 영화는 방대한 양의 초한지 내용 중 홍문연과 해하대전의 뒷이야기에 초점을 맞추고 있다. 진시황 이후 최고의 패자로 올라선 항우(풍소봉 역)와 사나이의 큰 그릇으로 세상을 품은 또 다른 영웅 유방(여명 역). 항우는 유방을 제거할 절호의 기회였던 홍문의 연회에서 그를 놓치고 만다. 한편, 용맹함으로는 누구도 따라올 수 없는 항우는 검술에 뛰어나고, 비파를 잘 타는 빼어난 미모의 우희(유역비 역)를 보고 첫눈에 반해 영원한 사랑을 맹세한다. 변방에서 세력을 키운 유방은 한신, 장량 등 뛰어난 부하들과 함께 항우에 맞서며 숙명의 대결전으로 나아가게 되고, 천하는 둘로 나뉘어 두 영웅의 대결전 앞에 모이게 된다.

영화평

• 세상을 가질 자 누구인가? 강력한 카리스마를 가진 항우일까 아니면 유연한 카리스마를 가진 유방일까, 생각에 잠기게 하는 영화

• 전략가들의 숨막히는 두뇌 플레이, 대륙을 차지하기 위한 세상을 뒤흔드는 거대한 전쟁의 서사시

# 수업 디자인하기

**교과 역량**

| | |
|---|---|
| 중국어 | 의사소통역량, 자기 관리 역량, 창의적 사고역량, 심미적 감성 역량 |
| 역사 | 역사적 판단력과 문제해결 능력, 지식정보처리역량 |
| 한문 | 지식정보처리역량, 의사소통역량 |

수업 전 영화 꿀팁

등장인물이 많아 텍스트를 통해서만 초한지를 설명할 경우 학생들이 헷갈려하고 캐릭터에 대한 이해도가 떨어질 수 있는 단점을 영화의 입체적인 인물 소개로 초한지에 대한 이해도를 높일 수 있다. 다만, 방대한 내용의 초한지 내용을 영화에 담다 보니 사실과는 다르게 각색이 되거나, 생략이 된 내용이 다소 있고, 영화적 재미를 위해 항우와 우희의 사랑이야기가 부각이 된 점이 아쉽기는 하다. 이 영화는 학생들이 2300여 년 전의 초한지에 대한 시대적 배경에 대한 이해, 등장인물과 서사적 흐름에 대한 이해, 사자성어 발생배경 등의 수업자료로 받아들인다면 좋겠다. 영화의 상영시간이 다소 긴 137분이라는 것은 감안하면 수업시간에 모두 보여 주기가 부담스러울 수 있다. 이때는 관련 장면을 편집하여 학생들에게 제공하는 것이 효과적일 수 있다.

수업을 진행한 후 수업내용을 바탕으로 수행평가를 진행할 수 있다. 학습한 사자성어를 활용하여 문장을 만들어 보는 활동이나, 항우와 유방의 리더십 중 자신이 닮고 싶은 점과 그 이유를 서술하거나, 항우와 유방의 리더십을 바탕으로 자신이 생각하는 올바른 리더십에 대하여 서술해 보도록 하는 수행평가를 진행한다면 평가는 물론이고 학생들의 결과물을 토대로 기록까지 할 수 있는 교수 – 학습 – 평가 – 기록이 일체화된 수업을 할 수 있다.

영화 체크리스트

| 영역 | 내용 | 확인 | | |
|---|---|---|---|---|
| | | 상 | 중 | 하 |
| 영화선정기준 | 학생의 발달단계와 흥미를 유발 | ∨ | | |
| | 교육과정과 연계 | | ∨ | |
| | 종교, 정치, 인종 편향적인 내용 | | ∨ | |
| | 수업에 활용하기 쉬운 내용 | ∨ | | |
| | 영화적 경험을 통해 주변과 소통 | ∨ | | |
| 장르 | 액션 | | | |
| 인지도 | 관객 평점 6, 전문가 평점 8, 교사 평점 9 | | | |
| 관람등급 | 12세 관람가 | | | |

1 차시  영화를 보기 전에

활동 1      초한지에 대한 기본 정보 이해하기

초한지에 대한 시대적 배경 설명 및 주요 등장인물에 대한 소개를 한다. 주요 중심인물을 에피소드중심으로 설명함으로써 평소 단편적으로 들어 봤던 등장인물들을 하나의 흐름 속에서 초한지를 이해할 수 있다. 이를 통해 각각의 캐릭터에 대한 이해도를 높임으로써 자신의 성격과 성향을 파악할 수 있다.

활동 2      등장인물 이해하기

활동지에 빈칸에 등장인물의 이름과 등장인물의 성격과 능력, 그에 관련한 에피소드를 맞춰 보는 활동을 진행한 후 문제 상황에서의 개개인의 성향에 따른 역할 분담과 수행에 대해 생각해 보는 시간을 갖는다. 모둠별로 자신의 활동지 내용을 발표하고 서로의 의견을 나누어 보도록 한다.

여러 등장인물을 통해 자신의 자아정체성과 자신의 성향에 대해 생각해 보는 시간을 가짐으로써 성장기와 자아정체성 확립시기의 학생들에게 자기 관리역량을 함양할 수 있도록 한다.

① 등장인물 소개 중 빈칸을 채우기
② 자신의 성격이나 성향과 가장 맞는 인물은 누구인가요?
   왜 그렇게 생각했나요?
③ 자신의 주변에 가장 두고 싶은 등장인물은 누구인가요?
   왜 그렇게 생각했나요?

 영화를 보면서

활동 1        사자성어 배경 장면 맞추기

영화를 보기 전, 포부침주 破斧沉舟(pò fǔ chén zhōu), 지록위마 指鹿为马(zhǐ lù wéi mǎ), 다다익선 多多益善(duō duō yì shàn), 토사구팽 兔死狗烹(tù sǐ gǒu pēng), 사면초가 四面楚歌(sì miàn chǔ gē), 홍문연(홍문지회) 鴻門宴(Hóng mén yàn)(鴻門之會(Hóng mén zhī huì)), 배수지진 背水之阵(bèi shuǐ zhī zhèn))의 뜻을 제시하고 영화를 보면서 사자성어의 배경이 되는 장면이 어딘지를 생각해 보도록 한다. 학생들이 어려워하는 사자성어의 발생 배경을 제시함으로써 학생들이 사자성어를 좀 더 편하고 쉽게 사용할 수 있도록 이해를 도울 수 있다. 이를 통해 다양한 상황에서 자신의 생각과 감정을 효과적으로 표현할 수 있는 의사소통 역량을 키울 수 있다.

활동 2

영화에서 각각의 등장인물의 활약상 중 가장 인상적인 인물과 에피소드를
적어 볼 수 있도록 한다.


① 중국의 개인의식

② 사자성어의 뜻 소개

③ 생각해 보기

• 초한지에서 나온 사자성어 중 가장 기억에 남는 사자성어는?

• 영화에서 자신의 가장 인상적이라고 생각하는 인물은 누구인가요?
  왜 그렇게 생각하나요?

• 영화에서 가장 기억에 남는 장면은 적어 봅시다.

## 영화 감상 후


활동 1 　　　　**사자성어 발생 배경 알아보기**

영화를 보며 작성한 활동지의 답이 맞는지 편집된 영상을 통해 다시 한 번
보고 이해하는 시간을 갖도록 한다. 학생들이 사자성어의 발생 배경과 뜻을
이해한 후 일상생활에서 어떻게 활용 가능한지 예문을 적어 모둠끼리 결과
물을 나눠 보고 공유할 수 있도록 한다.


활동 2 　　　　**영화 감상 공유하기**

각자 영화를 보며 가장 인상 깊었던 장면에 대해 함께 이야기하며 같은 내
용의 영화를 봄에도 사람에 따라 각기 다른 관점과 생각을 할 수 있다는 것을

이해한다.

활동 3 　　　　항우와 유방의 리더십에 대해 생각하기

항우와 유방의 리더십을 보고 각각의 리더십의 장점과 단점을 활동지에 적어 보도록 한다. 만약 자신의 항우 혹은 유방이라면 문제 상황에서 어떻게 행동했을지 생각해 보도록 하고 자신이라면 어떻게 인재를 등용할 것인지 서로의 생각을 공유해 보도록 한다.

한 사건에 대해서 여러 관점의 차이가 있다는 것을 인지하고, 같은 문제 상황에 대해 다양한 해결법이 존재할 수 있다는 것을 알려 준다. 이를 통해 공동체 구성원에게 요구되는 가치와 태도가 무엇인지, 공동체 발전에 적극적으로 참여하는 것은 어떤 의미를 갖는지 생각해 봄으로써 공동체역량을 키울 수 있도록 한다.


활동지

① 항우와 유방의 리더십 중 자신이 닮고 싶은 점을 각각 쓰고 그 이유를 적어 봅시다.

• 항우에게 닮고 싶은 점

• 유방에게 닮고 싶은 점

② 왜 개인적인 카리스마가 넘치는 항우가 아닌 평범한 유방이 승리할 수 있었는지 자신의 생각을 서술하시오.

③ 항우와 유방의 리더십을 바탕으로 자신이 생각하는 올바른 리더십에 대해 적어 봅시다.

# 이런 소리, 저런 소리, 내 마음의 소리

이정민 서울신서초등학교

6학년 학생들은 어떤 일에도 통달한 사람들처럼 시큰둥하다. 질문해도 대답하지 않는 시크한 매력을 발산한다. 1학기에서 2학기로, 한 달 두 달 시간이 지날수록 음악시간에 목소리를 내는 것 역시 꺼려한다. 잠이 쏟아지는 감상이라도 좋으니 억지로 노래 부르게 하지 말고 그저 가만히 내버려 두라는 식이다.

엎친 데 덮친 격으로 음악 교과서의 제재곡들은 아이들을 헷갈리게 한다. 서양악과 국악이 마구잡이로 번갈아 나오는 음악 교과서를 보며 아이들은 민요와 가곡을 어떻게 다르게 불러야 할지 갈피를 잡지 못한다. 우리 반 강군과 병오는 변성기가 왔는데, 민요를 부르듯이 힘주어 서양 가곡을 부르려다 소리가 올라가지 않아 자신감을 잃기도 하였다.

이런 아이들을 괴롭게 하지 않으면서도 음악에 관한 팁을 줄 수 있는 방법을 찾다가 영화 두레소리로 눈길이 갔다. 이 영화에서는 국악과 양악의 차이를 발성, 표기법, 꾸미는 음 처리 등의 다양한 방면에서 잘 보여 준다. 영화를 보면서 자연스럽게 우리 음악과 서양 음악의 차이를 느끼고 표현하는 기회를 제공할 수 있다.

## 두레소리

감독 조정래 개봉 2012. 5. 10 상영시간 108분

한편으로 아이들은 자신의 진로와 불확실한 미래에 기대보다는 불안을 느끼기도 한다. 특히 초등학교 시절부터 현실적이고 실현가능한 장래희망을 찾아야 한다는 요즘의 사회적 시선들은 학생들을 더욱 움츠러들게 만든다. 우리 반 아이들에게 진로교육을 하려다가 아이들의 불안한 눈빛을 보았다. 슬쩍 '진로'하면 어떤 생각이 드냐고 묻자 회장이 말했다.

"부담스러워요. 제가 뭘 해야 할지 모르겠는데 자꾸 (장래희망을) 정하라고 하니까 막막하기도 해요. 사실 재벌이나 되고 싶어요. 아니면 공무원이 짱인데… 할 수 있을까요?"

영화 〈두레소리〉는 국악고등학교 학생들의 이야기이다. 이 영화에서 주인공을 비롯한 고등학생들은 진로와 성적에 매 순간 마음 졸이며 학창시절을 보낸다. 그들의 좌충우돌 성장기는 진로에 대한 고민과 걱정을 시작하는 청소년들의 모습을 있는 그대로 보여 준다. 영화 〈두레소리〉는 이러한 고민에 아무런 답을 내려 주지 않지만, 학생들의 상황을 담담하게 담아 낸다는 점에서 오히려 학생을 비롯한 많은 사람들에게 위로를 준다.

## 영화 줄거리

이 영화는 국립전통예술학교 3학년에 재학 중인 두 친구가 성장하는 모습을 그려낸 영화이다. 주인공 슬기와 아름이는 둘도 없는 단짝 친구이자 사고뭉치들이지만 너무나도 다른 이유로 방황한다. 슬기는 판소리 명가의 손녀딸이라는 이유로 가족과 학교로부터 엄청난 기대를 한 몸에 받으나, 부담감과 기대에 미치지 못할 때마다 느껴지는 압박으로 인해 늘 스트레스를 받는다. 반면 아름이는 부모님을 일찍 여의고 이모와 함께 하루 하루를 힘겹게 살아가고 있다. 경제적으로도 사회적으로도 불안하기 때문에 늘 걱정과 불안에 시달린다. 각자의 고민과 걱정에 잠 못 이루는 두 친구는 결국 출석일수를 채우지 못하였고, 사이좋게 방학 중 특별수업에 참여하게 된다.

특별수업에서 만나게 된 함 선생님은 서양음악을 전공했다. 그런 함 선생님에게 교육청과 학교는 특별수업을 듣는 학생들을 가르쳐 합창대회를 나가라고 요구한다. 단순히 수업 일수만 채우면 된다고 생각했던 학생들은 합창반 활동을 해야 한다는 이야기에도 관심이 없다. 게다가 평생 국악만 해온 아이들에게 서양음악은 생소하기만 하다. 하나부터 열까지 부딪치던 선생님과 아이들은 우여곡절 끝에 결국 마음을 열게 된다.

## 영화평

이 영화는 국립전통예술고등학교 합창반 '두레소리'의 창단과 그 멤버들의 이야기를 바탕으로 재구성한 작품이다. 영화 속 등장인물 역시 '두레소리'의 후배들이고, 합창반 '두레소리'는 아직도 활동 중이다. 이 이야기는 실제 이야기를 다루었기 때문에 그 어떤 영화보다 실감나며, 함 선생님 본인과 실제 단원들이 참여했기에 더욱 의미 있는 영화이기도 하다. 이 영화가 더 큰 울림을 주는 것은 주인공의 이야기가 온 마음을 통해 그대로 전해져 오고, 또 그 이야기가 아직 끝나지 않고 인물들과 우리의 삶 속에 들어 있기 때문이 아닐까?

# 수업 디자인하기

## 교과 역량

| | |
|---|---|
| 도덕과 | 자기존중 및 관리 능력 |
| 사회과 | 비판적 사고력, 문제해결력, 의사결정력 |
| 음악과 | 음악적 심성, 문화적 공동체, 음악적 소통 |
| 국어과 | 창의적 사고, 의사소통능력, 문화향유 |

## 수업 전 영화 꿀팁

영화의 등장인물이 전문 배우가 아니라 학생들이라는 점에서 처음에는 약간의 어색함을 느낄 수 있다. 또한 다큐멘터리적 성격이 강하기 때문에 애니메이션이나 자극적인 영화에 익숙해져 있는 학생들에게는 지루하게 느껴질 수 있다. 따라서 초점을 맞추고 있는 부분이 어떤 것인지에 따라 영화를 편집하거나, 수업에 필요한 장면만 부분적으로 감상해도 무방할 것이다.

이 영화는 국립전통예술고등학교라는 특수한 학교의 이야기지만, 대한민국의 청소년이라면 모두가 공감할 수 있는 내용을 담고 있다. 진로에 대한 고민, 성적에 대한 불안, 주변의 압박과 내 마음처럼 뒷받쳐 주지 못하는 현실 등이 그것이다. 따라서 초등학교 저학년 학생들보다는 왕성한 자기 이해와 자아 성찰의 시기에 들어서는 초등학교 고학년 학생들에게 더 적합하다.

영화 체크리스트

| 영역 | 내용 | 확인 상 | 확인 중 | 확인 하 |
|---|---|---|---|---|
| 영화선정기준 | 학생의 발달단계와 흥미를 유발 | V | | |
| | 교육과정과 연계 | V | | |
| | 종교, 정치, 인종 편향적인 내용 | | V | |
| | 수업에 활용하기 쉬운 내용 | V | | |
| | 영화적 경험을 통해 주변과 소통 | V | | |
| 장르 | 드라마 | | | |
| 인지도 | 관객 평점 9, 전문가 평점 7, 교사 평점 8 | | | |
| 관람등급 | 12세 관람가 | | | |

관련 동영상

서양의 악곡과 국악의 소리가 조화롭게 어우러지는 것을 아래 링크를 통해 확인할 수 있다. 또한, 두 링크를 비교하면서 우리 소리와 서양 발성의 극명한 차이를 알 수 있다.

송소희 '아름다운 나라' https://www.youtube.com/watch?v=FJx_NtNmldg

신문희 '아름다운 나라' https://www.youtube.com/watch?v=Xd_c00eJCDM

홀로아리랑과 리베로탱고 국악 버전은 국악과 서양음악이 서로 넘나들 수 있으며, 조화롭게 어우러질 수 있음을 이해하는 좋은 자료가 될 수 있다.

홀로아리랑 https://www.youtube.com/watch?v=OtFm5eKLTN4

리베로탱고 국악버전 https://www.youtube.com/watch?v=lcu6Wbi8lW8

## 수업하기

 | 영화를 보기 전에

활동1　　　　국악과 서양악 찾기

그동안 음악교과를 통해 배운 노래를 국악과 서양악으로 구분해 보고, 그 특징을 찾아본다. 둘의 공통점과 차이점은 어떤 것이 있는지 생각해 본다. 또 한 국악과 서양악이 합쳐진다면 어떤 소리가 날지 이야기를 나눈다.

활동 2　　　　자신을 돌아보기

여러 질문을 통해 스스로의 정체성과 방향성에 대하여 생각할 시간을 갖는다. 국악과 서양악이 어떤 느낌인지 생각해 보고 이것에 빗대어 자신을 표현하는 활동을 통해 삶의 방향성에 대한 생각해 보도록 한다.

활동지

① 음악시간에 배운 노래를 국악과 서양악으로 나누어 분류해 봅시다.

예시답안) 국악 – 둥당기타령, 시조창, 경복궁타령,

금다래꿍, 풍년가, 도라지타령 등

서양악 – 소리는 새콤 글은 달콤, 숭어, 행진 등

② 국악과 서양악 중 어떤 것이 더 끌리며, 그 이유는 무엇인가요?

③ 나의 인생을 국악과 서양악 중 하나에 비유해야 한다면 어떤 것을 선택할 것인가요?

④ 나는 어떤 삶을 살고 싶은가요? 비유적으로 표현해 봅시다.

 영화를 보면서 / 영화 감상 후

활동 1    뒷이야기 예측하며 영화 감상하기

작품에 좀 더 몰입할 수 있도록 중요한 장면에서 영화를 멈추고 뒷이야기를 예측해 본다.

① 합창부에 들어가게 될까?

② 대회에 나갈 수 있을까?

③ 대회 나가서 잘할 수 있을까?

④ 연습하는 것을 들키지는 않을까?

활동 2    영화 속 갈등 이해하기

영화 속에서 처음 합창부를 만들었을 때, 합창부 선생님과 아이들의 갈등을 살펴본다.

① 아이들과 선생님의 처한 상황은 어땠을까?

② 국악과 서양악의 차이가 영향을 미쳤을까?

③ 이 갈등은 어떻게 해결되었을까?

주인공의 내적 갈등에 대해서도 이야기를 나눈다.

① 슬기가 힘들어하는 것은?

② 아름이가 가장 고민하는 것은?

③ 두 주인공은 각자의 상황을 어떻게 나아지게 할 수 있을까?

활동3　　　　영화 속의 음악 파악하기

　영화에는 전통예술학교를 다니는 아이들이 내는 우리 음악 소리와 전형적인 합창이라 볼 수 있는 서양음악 이론이 함께 등장한다. 이 두 음악의 공통점과 차이점이 무엇일지 생각해 보고, 대략적인 느낌의 차이를 이야기 나눈다.

영화 감상 후(영화를 통한 보다 심화된 이해)

활동1　　　　서양음악과 우리 음악의 차이점 찾기

　서양의 합창곡과 민요를 직접 불러 보면서 차이점을 찾아본다. 이때, 합창곡은 고운 목소리와 창법으로 부를 수 있는 곡으로, 민요는 우리 창법을 살리기 쉽고 무겁게 눌러 소리 낼 수 있는 전라도 민요를 선정한다. 민요와 서양곡을 듣고 불러 보면서 찾을 수 있는 차이점은 다음과 같다.

　① 국악은 눌러서 발성하고 목소리를 크고 굵게 떨거나 콧소리를 섞어 소리 내는 반면 서양악은 목을 곧고 길게 뻗는다는 느낌으로 소리를 내며, 맑은 소리가 나도록 부른다.

　② 국악은 시김새를 사용하여 곡을 재미있게 표현한다.

③ 서양악은 스타카토와 같은 리듬이나 셈여림을 통해 곡을 표현한다.

④ 국악에는 장구 반주와 같은 우리 장단이 반주로 들어가지만 서양악은 피아노나 기타와 같은 서양악기가 반주를 해 준다.

활동 2          서양음악과 우리 음악의 공통점 찾기

합창곡과 민요의 차이점에도 불구하고 영화에서는 서로를 조화시켜 아름다운 공연을 만들어냈다. 동서양을 막론하고 음악으로 소통하고 연결될 수 있는 까닭이 무엇인지 생각해 본다. 이를 위하여 국악의 음계를 가진 서양음악이나 국악곡을 서양식으로 편곡하여 노래하거나 연주한 곡, 그리고 국악기로 연주하는 서양음악을 찾아서 들어 보고 불러 본다.

① 서양식 발성으로도 우리 정서를 잘 표현할 수 있다.

② 양악과 국악의 음계를 넘나드는 데 전혀 어색함이 없다.

③ 둘 다 음계와 가락이 있고, 그 속에 감정이 들어 있다.

영화 속 등장인물의 갈등 상황을 생각해 보고 만약 자신이 그런 입장이라면 어떤 마음이 들지, 어떤 생각으로 어떻게 행동할지 고민해 보도록 한다. 그리고 영화와 비슷했던 경험을 생각하고 그 상황을 어떻게 헤쳐나갔는지 이야기를 나누면서 학생들 현재의 고민을 들여다볼 수 있는 기회를 갖는다. 이 과정을 통해서 반드시 그 고민이 해결되지 않더라도 서로의 생각을 나누며 자신의 삶을 돌아보고 앞으로 어떤 방향으로 살아가야 할지 실마리를 얻을 수 있을 것이다.

활동지

활동지 내용은 학생들의 정서와 수준에 따라서 달리 적용해도 좋을 것이다.

① '소리는 새콤 글은 달콤'을 2부 합창으로 불러 봅시다.

　아름답게 소리 내려면 어떻게 불러야 할까요?

② '둥당기 타령'을 불러 봅시다.

　멋들어진 소리를 내려면 어떻게 불러야 할까요?

③ 합창곡과 민요를 듣거나 불렀을 때 느껴진 차이점은 무엇입니까?

④ 합창곡과 민요의 차이점에도 불구하고 영화에서 이 두 장르를 조화시켜 공연을 할 수 있었던 까닭은 무엇일까요?

⑤ 슬기와 아름이의 고민은 무엇이었나요?

　만약 내가 슬기나 아름이었다면 어떨까요?

⑥ 등장인물과 비슷한 경험이 있나요? 그 상황에서 어떻게 헤쳐나갔나요?

⑦ 미래의 나에게 편지를 써 봅시다.

## \<두레소리\> 2
### - 우리 음악과 우리 소리 -

◉ 음악시간에 배운 두 노래를 불러봅시다.

| '동당기 타령'을 불러봅시다.<br>멋들어진 소리를 내려면 어떻게 불러야 할까요? | '소리는 새롬 굴은 달롬'을<br>2부 합창으로 불러봅시다.<br>아름답게 소리 내려면 어떻게 불러야 할까요? |
|---|---|
| 배에 힘을 주고 부른다.<br>몸에도 힘을 준다.<br>소리를 크게 낸다.<br>시김새를 살린다. | 몸에 힘을 뺀다<br>부드럽게 노래한다.<br>주변 사람의 소리를 듣고 음을 맞춘다.<br>공기 반 소리 반… |

◉ 합창곡과 민요를 듣거나 불렀을 때 느껴진 차이점은 무엇입니까?

　　　합창곡은 부드럽고 맑은 느낌이 들고 민요는 강렬한 느낌이 난다.
　　　부를 때는 합창보다 뭔가 더 힘이 느껴진다. 노래부른 때 민요에
　　　힘이 더 많이 들어간다.

◉ 합창곡과 민요의 차이점에도 불구하고 영화에서 이 두 장르를 조화시켜 공연을 할 수
있었던 까닭은 무엇일까요?

　　　둘 다 음이 있는 음악이라서 국악 반주로 합창을 할 수 있기 때문이다.
　　　그리고 둘 다 마음을 표현하는 수단이고 음을 꾸며면서 다양하게 표현할
　　　수 있기 때문이다.

◉ 민요와 성악, 우리 음악과 서양 음악을 조화시킬 수 있는 방법은 어떤 것들이 있을까요?

　　　서양 악기로 시김새 등을 표현하고 국악 곡을 현대적으로 해석해서
　　　연주할 수 있다.

◉ 슬기와 아롬이의 고민은 무엇이었나요?
　만약 내가 슬기나 아롬이었다면 어떨까요?

　　　슬기는 가족의 생계, 때문에 성적에 부담을 느끼는 것이 고민이고 아롬이는 집이
　　　가난한 것이 고민이다 내가 슬기였다면 부담스러워서 스트레스를 받았을 것이다.
　　　아롬이였다면 어떨지 잘 상상이 되지 않는다.

◉ 등장인물과 비슷한 경험이 있나요? 그 상황에서 어떻게 헤쳐나갔나요?

　　　요즘 중학교도 입학을 갑자기 공부 양이 늘어나서 부담되고 힘들다. 학원에서
　　　공부하는 내용도 너무 어렵고 시험도 자주 본다. 시간이 지나면 괜찮아 질지
　　　모르겠다.

◉ 미래의 나에게 편지를 써 봅시다.

　　미래의 나에게

　　　안녕? 난 과거의　　야. 요즘 많이 힘들고 중학교 공부로 많이
　　지쳐있어. 미래의 나는 어떻게 지내니? 엄마가 말하는 대로
　　잘 공부해서 멋진 사람이 되었니? 아니면 아직 공부에 힘에서
　　헤매고 있니? 혹시나 해서 하는 말이지만, 일이 잘 되어도
　　너무 자만하지 말고 일이 안돼도 너무 슬퍼하지 마. 과거의
　　너는 힘들어하면서도 하루하루 최선을 다해 살아가고 있단다.
　　네가 이만큼 열심히로 노력했고, 힘들어도 버텨냈다는 걸 알고
　　스스로에게 대견하다고 얘기해주길 바랄게. 그리고 너에게도 이런
　　반짝이고 예쁜 순간이 있었다는 것을 기억해주길 바래.
　　그럼 안녕.
　　　　　　　　　　　　　　　　　2018. 9. 15 과거의 내가.

# QR 코드 목록

## 2부 영화 속으로

 〈톰과 제리〉

https://youtu.be/wO9jRWfC900

 〈라바〉

https://youtu.be/t5nQLyoPB54

 〈주홍글씨〉

https://youtu.be/tupmM4mRa6Y

 〈지옥의 묵시록〉

https://tv.kakao.com/v/34629334

 〈님은 먼곳에〉

https://youtu.be/p3y4LKoQ2is

 〈카이로의 붉은 장미〉

https://www.youtube.com/watch?v=5XO8a888fmw

〈달세계 여행〉

https://youtu.be/_FrdVdKlxUk

 〈시민케인〉의 딥클로즈 장면

https://youtu.be/YvbfvmbVLZI

 〈전함 포테킨〉

https://youtu.be/bNg10Akv0Eg

 〈사이코〉

https://youtu.be/_RtcuB8VC2Q

 〈살인의 추억〉

https://youtu.be/phd2-rLxf9s

 〈라라랜드〉

https://youtu.be/TOpD-NiM_3Y

 〈태극기 휘날리며〉 배경음악

https://youtu.be/7psu1717afY

 엄마를 부탁해 오프닝 타이틀

https://goo.gl/tGJ4G5

 〈스타워즈〉

https://youtu.be/-YSrn9rNDDw

 〈쥬라기 공원〉

https://youtu.be/VMURsA3kPJA

# 3부 영화 밖에서

〈칼리가리 박사의 밀실〉
https://youtu.be/pjSUlhfhF60

〈재즈싱어〉
https://youtu.be/UYOY8dkhTpU

〈아바타〉
https://goo.gl/iyKEuS

# 4부 영상 제작 수업

〈필름메이커스〉
https://www.filmmakers.co.kr

플립북
https://youtu.be/zn9OigSE9lw

소마트로프 1
https://youtu.be/tPBSeoT_AN4

소마트로프 2
https://youtu.be/v0z8QUKgPRA

조트로프
https://youtu.be/5_8fX-N3Ji4

페나키스티스코프 1
https://youtu.be/WhDBGFFrmUI

페나키스티스코프 2
https://youtu.be/sLvR9R5KEbU

 페나키스티스코프 3
https://youtu.be/8SnoIPgDVR8

 클레이 애니메이션
https://youtu.be/hZTu8wDkans

 스톱모션 애니메이션
https://youtu.be/v7uaklXkePc

 유튜브 순위(랭킹)정보
http://cchart.xyz

 유튜브 채널 만들기
https://youtu.be/xBmxrCR6H08

 볼빨간 사춘기
https://youtu.be/xRbPAVnqtcs

 만화로 된 뮤직비디오
https://youtu.be/_n8ATpxIWGA

## 5부 영화수업 지도안

 어라이크
https://goo.gl/nx2g25

 빨간 모자의 진실
http://m.site.naver.com/0qbJy

하울의 움직이는 성
https://youtu.be/YpqMZt1gOXU

 박물관은 살아 있다
https://tv.naver.com/v/4493891

 뉴욕자연사 박물관
https://www.amnh.org

 영국 대영박물관
https://www.britishmuseum.org

 국립중앙박물관
http://www.museum.go.kr

 국립민속박물관
http://www.nfm.go.kr

 미국 메트로폴리탄미술관
https://www.metmuseum.org

 미국 휘트니미술관
https://whitney.org

 뉴욕 현대미술관
https://www.moma.org

 프랑스 루브르미술관
https://www.louvre.fr

 프랑스 오르세미술관
https://www.musee-orsay.fr

 프랑스 퐁피두센터
https://www.centrepompidou.fr

스페인 프라도미술관

https://www.museodelprado.es

 스페인 소피아미술관

https://www.museoreinasofia.es

 네덜란드 반고흐미술관

https://www.vangoghmuseum.nl/en

 이태리 우피치미술관

https://www.florence.net

 어벤져스 예고편

https://www.youtube.com/watch?v=xUDhdCsLkjU

 어벤져스 인피니티 워 마블의 주요 등장인물 총정리

https://www.youtube.com/watch?v=FrFY9iw3mxo

 아이로봇 예고편

https://www.youtube.com/watch?v=rL6RRIOZyCM

 아이로봇 요약본

https://www.youtube.com/watch?v=Bir-dXLT7D0

 어거스트 러쉬 예고편

https://goo.gl/PPAjPS

 반 고흐 : 위대한 유산 예고편

https://www.youtube.com/watch?v=zhiXLomBagw

 주변 사물 이용한 소리 내기 1

https://www.youtube.com/watch?v=sVPVbc8LgP4&t=381s

 주변 사물 이용한 소리 내기 2

https://www.youtube.com/watch?v=iBcWy9PjUqg&t=243s

고흐 미술관
https://goo.gl/Qdpuwc

 Starry Starry Night
https://youtu.be/xbBb2dTsal0

 두레소리 예고편
https://www.youtube.com/watch?v=C4GPxeBpYcM

 송소희 '아름다운 나라'
https://www.youtube.com/watch?v=FJx_NtNmIdg

 신문희 '아름다운 나라'
https://www.youtube.com/watch?v=Xd_c00eJCDM

 홀로아리랑
https://www.youtube.com/watch?v=OtFm5eKLTN4

 리베로탱고 국악버전
https://www.youtube.com/watch?v=lcu6Wbi8lW8

 피카소 명작 스캔들
http://bitly.kr/35pjO

 나의 소녀시대
https://www.youtube.com/watch?v=x5LFBGsQ3Lw

 초한지
https://www.youtube.com/watch?v=cH2WzHMugSw

영화 〈매트릭스〉에서는 진짜보다 더 진짜 같은 가상의 공간에서 사람들이 살아갑니다. 사람들은 시간이 갈수록 현실과 가상세계를 구분하지 못하고 있습니다. 하지만 가상세계도 누군가가 만들어 낸 공간이라는 것을 알아야 합니다. 미디어가 발전하고 다양해질수록 사용자 또한 올바른 가치관을 가질 필요가 있습니다. 영화 속에서 배우는 것도 좋지만 영화 밖에서 일어나는 현상 그리고 올바른 시각을 가질 때 비로소 가치 있는 수업을 진행할 수 있을 것입니다.

**김병련** 서울경운학교 / brkim2000@naver.com

중국 영화를 좋아해 번역 없이 직접 영화를 듣고 이해하고 싶어 중국어과를 지원했던 저이기에 학생들에게 영화를 활용하여 수업을 진행하는 것은 저의 꿈을 실현하는 즐거움이었습니다. 지금도 끊임없이 수정하고 연구하고 있는 수업들이지만, 학생들에게 조금 더 유의미한 수업을 제공하고 싶다는 작은 바람에서 시작한 저의 영화 활용 수업이 같은 고민을 하고 있는 선생님들에게 조금이나마 도움이 되었으면 하는 마음으로 책을 준비하였습니다.

**김민경** 종암중학교 / hairu@sen.go.kr


애니메이션은 움직이지 않는 것에 움직임을 부여해서 생명력을 불어넣는 의미를 갖고 있습니다. 애니메이션은 단순하게 아이들이 보는 영화가 아니라 최근에는 실제와 같아서 몰입감을 더하며 좋은 내용으로 사람들에게 감동을 주고 있습니다. 영화는 학생들이 자발적인 동기를 가지고 적극적으로 수업에 참여할 수 있는 묘한 매력을 가지고 있습니다. 이 책을 통해서 애니메이션처럼 학생들에게 움직임을 부여해서 생명력을 불어넣는 수업이 되었으면 합니다.

**김해동** 한빛맹학교 / ssfile@naver.com


어렸을 적 주말, 웅장한 음악과 함께 영화를 소개하던, 텔레비전 속 검은 안경의 영화평론가 아저씨가 기억납니다. 유달리 영화를 좋아하셨던 아버지 영향으로 '주말의 명화시간'을 항상 기다리던 어린 시절의 추억이 새록새록 떠오릅니다. 이제 우리 아이들에게는 영화에 대한 추억이 저와 같지 않겠지만 가족들이 옹기종기 모여 함께 즐기던 그 따뜻함을 우리 아이들과 나누고 싶은 마음에 이 책을 만드는 작업에 함께했습니다. 따뜻한 기억이 음악과 영상으로 아이들의 기억 속에 쏙쏙 스며 들어가 한껏 상상의 날개를 펼칠 수 있으면 얼마나 좋을까 하는 바램으로 작은 실천 사례를 적어 보았습니다. 보시는 선생님들께서도 아이들과 훈훈하고 따뜻한 기억으로 남을 수업을 시작하셨으면, 그 시작에 작은 도움이 되었으면 하는 바람입니다.

**이경미** 서울등명초등학교 / elisa11@sen.go.kr

영화 속에는 인생이 있습니다. 영화에는 살면서 겪을 수 있는 무수히 많은 상황이 존재하고, 수많은 감정이 고스란히 담겨 있습니다. 영화를 눈으로 보고 귀로 듣고 마음으로 느끼면서 우리는 스스로의 내면을 마주합니다. 그리고 영화를 통해 생겨난 물음들에 나름의 답을 찾아 나갑니다. 이처럼 좋은 영화는 다양한 학문적 영역에 대하여 학생들이 깊이 있게 사고하도록 함으로써 훌륭한 교육적 자료가 될 수 있습니다. 좋은 영화를 잘 선택해서 수업해 봅시다. 그 영화는 길 주변에 늘어선 가로수처럼 배움의 길을 걷는 나그네의 쉼터가 되기도, 생각할 거리를 던져 주는 사색의 대상이 되기도, 또는 길의 방향을 알려 주는 길잡이가 되기도 할 것입니다.

**이정민** 서울신서초등학교 / ijmeen@sen.go.kr

학교에서 일어나는 모든 일은 학생들에게 도움이 되어야 한다고 생각합니다. 학생들과 선생님이 그냥 영화를 보는 것이 아니라, 영화를 보는 것을 통해 다른 삶을 알아보고, 배움이 일어나기 위해 이 책은 쓰여졌습니다. 영화 한 편을 매개로 수업을 만들기 위한 많은 선생님들의 고민과 노력이 있었습니다. 학생들과 선생님들께 유익하고, 또 즐겁게 참여할 수 있는 수업 사례가 많으니 다른 선생님들께도 많은 도움이 되었으면 합니다.

**오지원** 공릉중학교 / alfksekzj89@naver.com

고고학 관련 영화를 같이 보던 나의 아이들은 어느새 고고미술사를 전공하는 성인이 되었습니다. 영화에 허구적인 요소가 들어가 있긴 하지만 fact와 fiction을 구분하며 아이들과 함께 탐구해 보는 시간을 가지면서 역사에 대한 관심이 커진게 아닌가 싶습니다. 이 책을 접하게 되는 교사들이 이 책을 통해 학생들에게 감성을 깨우고 정체성을 찾아가는 영화수업을 만들어 나가시길 바랍니다.

**정의숙** 서울송정초등학교 / woo092797@sen.go.kr

영화가 학생들이 더 큰 흥미를 유발하기 위한 보조적인 도구나 수업 참여도를 높여 주기 위한 텍스트 자료의 대체제로서가 아닌, 새로운 패러다임으로 받아들여지길 바랍니다. 다만 영화에 대한 학생들의 집중도가 높은 만큼, 오락성이 짙은 것도 사실이고 아직 익숙하지 않은 교육 자료인 만큼 교사의 전문적인 지도와 자료의 활용방안이 더욱 중요하다고 할 수 있습니다. 따라서 교사는 교육적으로 적절한 영화를 선정하고 학생들이 영화 안에서 교육적 가치를 끌어 낼 수 있도록 하는 교사의 역량을 키워야 합니다.

아직은 영화 수업이 조금은 낯선 지금, 이 책이 그 가이드라인을 제시해 주지는 못한다고 하더라도, 더 많은 선생님들이 영화 수업에 대한 고민을 하고 함께 발전 방안을 모색할 수 있는 계기가 되었으면 하는 바람입니다.

**최지원** 서울경동초등학교 / jully4063@naver.com